LE

CODE CIVIL ITALIEN

ET

LE CODE NAPOLÉON

ÉTUDES DE LÉGISLATION COMPARÉE

PAR

M. THÉOPHILE HUC

PROFESSEUR DE CODE NAPOLÉON A LA FACULTÉ DE DROIT DE TOULOUSE,
MEMBRE DE L'ACADÉMIE DE LÉGISLATION.

PARIS

AUGUSTE DURAND

LIBRAIRE DE LA BIBLIOTHÈQUE DE LA COUR IMPÉRIALE, DE L'ORDRE DES AVOCATS
RUE CUJAS (ANCIENNE RUE DES GRÈS) 7.

1866.

LE

CODE CIVIL ITALIEN

ET

LE CODE NAPOLÉON.

LE

CODE CIVIL ITALIEN

ET

LE CODE NAPOLÉON

—

ÉTUDES DE LÉGISLATION COMPARÉE

PAR

M. THÉOPHILE HUC

PROFESSEUR DE CODE NAPOLÉON A LA FACULTÉ DE DROIT DE TOULOUSE,
MEMBRE DE L'ACADÉMIE DE LÉGISLATION.

———

PARIS

AUGUSTE DURAND

LIBRAIRE DE LA BIBLIOTHÈQUE DE LA COUR IMPÉRIALE, DE L'ORDRE DES AVOCATS

RUE CUJAS (ANCIENNE RUE DES GRÈS) 7.

1866.

PRÉFACE.

« Tout annonce que nous marchons vers une grande unité, » disait, il y a bientôt un demi-siècle, le plus éloquent défenseur qu'ait jamais eu le passé (¹). Que dirait aujourd'hui le comte de Maistre, s'il vivait encore et s'il lui était donné de mesurer le chemin parcouru depuis? Ne trouverait-il pas que l'humanité a marché vite; et l'unité qu'il entrevoyait n'est-elle pas à la veille d'être réalisée?.....

La promulgation en France du Code Napoléon a été certainement, du moins dans la période moderne, le plus grand pas fait dans cette voie mystérieuse, et depuis cet événement mémorable, les peuples semblent ne s'être agités que pour obtenir à leur tour une législation semblable.....

Dans l'ordre économique, des traités de commerce ont fait tomber les anciennes barrières; la propriété intellectuelle a été réciproquement garantie entre la plupart des nations de l'Europe : le Congrès de Paris de 1856 a fait faire au droit public international un remarquable progrès; et ce puissant mouvement dont l'initiative appartient à la France, ne sera pas sérieusement entravé; il aboutira à son terme final, l'unité; non pas cette unité politique, rêvée par les partisans d'une monarchie universelle, mais au contraire l'unité de législation fondée sur le respect des nationalités.

(¹) *Soirées de Saint-Pétersbourg*, Lyon, 1850, t. I, p. 155.

Ce résultat sera dû à l'action combinée du droit et de la diplomatie.

Le développement scientifique et pratique du droit privé dans chaque nation, conduira peu à peu tous les peuples à adopter un Code de lois civiles calqué sur notre Code Napoléon, *ce grand type des Codes modernes,* suivant l'expression d'un jurisconsulte italien.

En même temps, les traités internationaux s'efforceront, dans chaque pays, de faire retrouver à l'étranger sa patrie absente, en lui accordant les garanties les plus efficaces..... Ce sera là, plus particulièrement, l'œuvre de la diplomatie qui, dans cet ordre d'idées, sera réellement *le pouvoir constituant de l'Europe.*

Aussi, un jour viendra où le voyageur allant d'un pôle à l'autre trouvera partout les mêmes lois, la même protection, peut-être la même langue.....

En comparant le Code civil italien avec notre Code Napoléon, nous avons voulu étudier l'une des manifestations les plus remarquables de cette tendance vers l'unité. De plus, et au point de vue purement scientifique, il nous a paru qu'il n'était pas sans intérêt de rechercher de quelle manière l'Italie avait adapté à son organisation nouvelle la législation libérale et progressive de la France. Cette Etude aura son utilité, même pour savoir dans quels sens pourront être, un jour, développés les principes formulés dans notre Code Napoléon.

Décembre 1865.

———

LE

CODE CIVIL ITALIEN

ET

LE CODE NAPOLÉON.

PREMIÈRE PARTIE.

PREMIER LIVRE DU CODE ITALIEN.

§ 1.

1. Historique de la rédaction du Code civil italien.

I. Le 25 juin 1865, un *Code civil* a été promulgué à Florence pour devenir exécutoire dans toute l'Italie, à partir du 1er janvier 1866. Parmi tous les événements mémorables qui ont successivement transformé et régénéré la Péninsule, il ne s'en est pas produit de plus important, ni de plus significatif, car la promulgation d'un *Code unique* les résume tous..... Le but des aspirations séculaires d'une grande nation se trouve ainsi désormais atteint, et par là même ses destinées sont irrévocablement assurées..... Quelles que soient, en effet, les épreuves que l'avenir réserve à l'Italie, quand même il se produirait encore au sein du nouveau Royaume des tentatives rétrogrades, on peut affirmer que ces épreuves seront désormais faciles à supporter, que ces tentatives trouveront dans le Code qui vient d'être promulgué un obstacle insurmontable....

C'est qu'en effet l'un des grands avantages de toute codification est de donner une formule aux progrès divers accomplis dans l'ordre civil, d'indiquer avec précision la différence qui sépare le passé du présent, de faciliter et simplifier les rapports juridiques en donnant aux intérêts privés une règle et une sanction uniformes indépendantes de l'arbitraire et du bon plaisir. Enfin, lorsqu'un Code suffisamment bien fait a fonctionné pendant quelque temps chez un peuple, il arrive bientôt que l'état des personnes, la stabilité des héritages, la sécurité des fortunes et des positions acquises, que tout en un mot repose sur le maintien de ce Code, et qu'un retour vers le passé devient moralement et matériellement impossible.

Le nouveau Code italien est tout-à-fait calqué sur notre *Code civil*, ou plutôt c'est le Code civil français adapté aux besoins de l'Italie. Il ne pouvait pas en être autrement.. Le Code Napoléon, fondé sur les principes de l'égalité civile et de la tolérance, régit déjà les deux tiers du monde civilisé, et il est permis de penser qu'il sera un jour adopté chez tous les peuples... C'est là un immense honneur pour la France; car lui emprunter sa législation, c'est lui rendre le plus éclatant des hommages !...

Mais s'il est vrai de dire que le Code Napoléon est coordonné dans son ensemble, et, en général, formulé de manière à pouvoir être proposé comme modèle, il faut cependant reconnaître qu'il est souvent défectueux dans les détails et qu'il présente quelques lacunes. Il s'est même trouvé des jurisconsultes et des publicistes qui n'ont pas hésité à en demander la révision, et un jour viendra où ce travail de révision sera réellement nécessaire (¹). Alors, l'un des éléments les plus importants de cette révision sera évidemment l'opinion des peuples qui auront déjà adopté notre Code comme base de leur loi civile. Aussi, est-il intéressant pour nous, Français, de savoir quel a été, en Italie, le résultat de la critique juridique appliquée au Code Napoléon. C'est ce résultat dont j'ai cherché à me rendre compte en comparant le Code civil italien avec notre Code civil qui lui a servi de type. Nous verrons ainsi à quelles tendances ont obéi les légistes italiens, et quelles sont les modifications qu'ils ont dû faire subir à notre Code pour le mettre en harmonie avec les besoins de leur patrie, et aussi avec les progrès de la science.

(¹) M. Balbie, professeur d'économie politique à la Faculté de droit de Paris, a publié dans le *Correspondant* (liv. du 25 janvier 1866, p. 90), un article sous ce titre : *Révision du Code Napoléon*. L'éminent professeur propose quelques remaniements du Code Napoléon *dans un sens favorable à la liberté des parties qui agissent ou contractent*.

A peine rendue à elle-même, l'Italie s'est occupée sans retard, et avec raison, de son unification législative. En effet, deux décrets, des 24 décembre 1859 et 25 février 1860, composèrent une commission pour la rédaction d'un projet de Code civil. Ce projet ordinairement appelé : *Projet Cassinis*, fut présenté à la Chambre des députés et au Sénat les 19 et 20 juin 1860 ; mais il n'aboutit pas.

Après la mort du comte de Cavour, le commandeur Miglietti, étant devenu garde-des-sceaux dans le cabinet présidé par le baron Ricasoli, prépara un nouveau projet qui fut officiellement présenté au Sénat dans la séance du 9 janvier 1862. M. Miglietti fut quelque temps après remplacé par M. Conforti. Ce dernier déclara accepter le projet présenté par son prédécesseur, mais sous la réserve d'y introduire quelques modifications. Mais M. Conforti quitta le ministère sans avoir eu le temps d'élaborer un nouveau projet. Il eut pour successeur l'avocat Pisanelli, député et professeur de droit à l'Université de Naples. Le nouveau garde-des-sceaux se mit énergiquement à l'œuvre : il consulta cinq commissions établies à Naples, Turin, Palerme, Milan et Florence ; de sorte que les représentants les plus autorisés de la science du droit dans les diverses parties de l'Italie furent appelés à concourir à la formation du nouveau Code. Le ministre lui-même s'occupa personnellement de la rédaction du projet, qui fut bientôt en état d'être soumis au Sénat. Le 1er livre fut déposé le 15 juillet 1863, les deux autres le 28 novembre suivant. Chaque livre fut précédé d'un rapport où étaient développés les grands principes qui avaient guidé le ministre et les motifs spéciaux des dispositions les plus importantes.

Le Sénat nomma, le 17 juillet de la même année, une commission de onze sénateurs pour l'examen du projet déposé. Après de longs et importants travaux, la commission sénatoriale présenta un projet entièrement refondu. Ce projet était en général assez d'accord avec celui du ministre; sur plusieurs questions cependant il s'en écartait d'une manière sensible. Chaque livre eut un rapporteur particulier : M. Vigliani pour le Ier livre; M. Deforesta pour le IIe, et M. Vacca, actuellement garde-des-sceaux, pour le IIIe.

Après la convention du 15 septembre, le ministère auquel appartenait M. Pisanelli ayant dû se retirer, M. Vacca devint ministre de la justice, et ne fut pas moins empressé de mener à fin l'œuvre importante de l'unification législative.

En effet, dès le 24 novembre 1864, il présentait à la Chambre des députés un projet de loi intitulé : *De l'unification législative du Royaume.* Cette loi conférait au gouvernement du roi le pouvoir de promulguer non-seulement le *Code civil* élaboré par la commission du Sénat, mais encore un *Code de procédure civile,* préparé par le garde-des-sceaux, et plusieurs autres lois fort importantes relatives : à l'organisation judiciaire, à la procédure criminelle, à l'expropriation pour cause d'utilité publique, à la marine marchande, etc.

Après de graves discussions, le Parlement, intimement convaincu de la nécessité de compléter l'unification politique par l'unification législative, crut nécessaire d'ajouter à la liste des lois destinées à être publiées, le Code de commerce de l'ancien Etat de Sardaigne, et la loi sur la propriété littéraire, comme aussi de donner au gouvernement les pouvoirs les plus étendus à l'effet d'arriver promptement à une parfaite unité de législation. En conséquence fut votée la loi du 2 avril 1865, dont il importe de citer l'art. 2, ainsi conçu :

« Le gouvernement du roi aura le droit d'introduire dans les Codes et dans les lois mentionnés en l'article ci-dessus, les modifications nécessaires pour en coordonner, en chaque matière, les dispositions particulières, tant dans la substance que dans la forme, en se conformant au système et aux principes directifs déjà adoptés, et sans les altérer en rien. Comme aussi le gouvernement aura le pouvoir de publier, par décret royal, les dispositions transitoires, et toutes autres qui seront nécessaires pour l'exécution complète des même lois. »

Aussitôt investi de ces pouvoirs, le garde-des-sceaux nomma plusieurs commissions à l'effet de réviser les Codes et lois auxquels se rapportait la loi qui venait d'être votée. On peut dire que la commission chargée du Code civil a refait le projet de la commission sénatoriale. La révision

arrêtée par la commission fut presque en son entier adoptée
par le ministre, qui se borna à ajouter quelques dispositions nouvelles ; enfin, comme nous l'avons déjà dit, le
Code civil fut promulgué, et à partir du 1er janvier prochain, il remplacera pour le royaume d'Italie les cinq ou
six législations différentes qui se partageaient le pays.

Les différents projets successivement élaborés par ordre
du gouvernement italien, et dont nous venons de parler,
ont naturellement attiré l'attention des jurisconsultes et des
publicistes. Plusieurs professeurs distingués ont publié
leurs observations critiques sur les projets de Code civil ;
ainsi, M. Joseph Buniva, professeur de Code civil à l'Université de Turin, a résumé dans un volume substantiel ses
*Etudes sur le 1er livre du projet de Code civil, présenté au
Sénat par le commandeur Miglietti* (¹). M. de Stefani-Nicolosi,
avocat à Caïane, s'est pareillement livré à un *examen critique*
du même projet (²). Ces travaux sont utiles à consulter ; ils
nous montrent comment les jurisconsultes italiens ont ac-
cueilli le projet d'un Code unique pour toutes les parties
désormais réunies de la Péninsule. Leurs observations n'ont
pas été sans influence sur la rédaction définitive de plusieurs
dispositions importantes de ce Code. De plus, M. Buniva a
figuré d'une manière distinguée dans les commissions char-

(¹) *Studii sovra il libro primo del progetto di Codice civile, presentato al
Senato del regno d'Italia dal Guardasigilli di S. M. commendatore* Miglietti,
per Giuseppe Buniva. Torino, 1862.

(²) *Sul progetto di Codice civile italiano del ministro di grazia et giustizia
(*Miglietti*), esame critico, dall' avv. G. de* Stefani-Nicolosi. Catania, 1862.

gées de la révision du projet qui a été sanctionné. Aussi,
dans l'examen que nous allons faire du Code civil italien,
aurons-nous soin de faire connaître, du moins pour le
Iᵉʳ livre, les principales opinions de MM. Buniva et de
Stefani-Nicolosi, et parmi les solutions qu'ils proposaient
celles qui ont été accueillies et celles qui ont été repoussées.

Voici l'ordre que nous adopterons dans cette étude :

En premier lieu nous décrirons l'aspect général du Code
civil italien comparé au Code civil français. Ensuite nous
examinerons en particulier chaque livre et chaque titre,
autant du moins que l'importance de la matière le deman-
dera ; nous négligerons les détails secondaires, car il
n'entre pas dans nos vues d'écrire un commentaire. Nous
nous attacherons seulement à signaler et à apprécier les
différences les plus importantes soit au point de vue doctrinal, soit au point de vue social, qu'on retrouve entre le
Code italien et son modèle.

§ 2.

I. Description générale du Code italien.

I. Le Code civil italien présente, comme le Code français, un titre préliminaire sur *la publication, l'interprétation et l'application de la loi en général ;* seulement ce titre précède le Code sans en faire partie, et se compose de 12 articles ayant un numérotage spécial. C'est seulement après ces dispositions que se trouve la rubrique générale : *Code civil du royaume d'Italie*, et que le Code commence réellement par le livre Ier, *Des personnes*, dont le 1er article porte le n° 1. On a procédé ainsi parce que les règles concernant la publication, l'interprétation et l'application des lois, ne peuvent pas être logiquement rattachées au Code civil plutôt qu'à tout autre Code ; elles constituent des règles supérieures qui dominent et régissent toutes les lois sans distinction, ou qui se réfèrent au droit international privé. D'un autre côté, il n'était pas possible d'insérer ces dispositions dans le *Statut constitutionnel*, car cela les aurait rendues obligatoires même pour le législateur, et tout le monde reconnaît que les règles dont nous parlons n'ont pas assez d'importance pour être érigées à la hauteur d'un principe constitutionnel. Aussi a-t-on bien fait de les placer, non *dans* le Code civil, mais *avant* ce Code, et de les promulguer en même temps.

Le Code italien est conçu tout-à-fait sur le plan du Code français ; il présente absolument les mêmes divisions et subdivisions. Seulement, dans chaque livre, il a parfois été apporté quelque changement dans l'ordre des titres, chapitres et sections. Ces changements, qui sont de médiocre importance, s'expliquent presque toujours par des raisons de méthode. Ainsi dans le livre Ier, *Des personnes*, le titre *Des actes de l'état civil*, qui forme le IIe dans le Code français, forme au contraire le XIe et dernier du Ier livre dans le Code italien. Cela est plus rationnel ; c'est en effet après avoir indiqué les diverses circonstances qui peuvent influer sur l'état civil de la personne qu'il convient de poser les règles concernant *la preuve* de cet état lui-même.

Dans le livre IIe ayant pour objet : *Des biens, de la propriété et de ses modifications*, on retrouve aussi les mêmes rubriques que dans le livre correspondant du Code Napoléon. Notons cependant qu'il en contient deux de plus : l'une relative à l'état de *communauté*, et l'autre relative à la *possession*. Nous aurons plus tard à en apprécier la valeur scientifique.

Le livre IIIe ayant pour rubrique : *Des modes d'acquisition et de transmission de la propriété et des autres droits sur les choses*, est également semblable au même livre de notre Code civil. Mais on aura déjà remarqué que la rubrique

italienne est plus exacte que la rubrique française. Car tous
les auteurs font observer qu'on ne parlant que de l'*acquisition de la propriété*, les rédacteurs du Code Napoléon
avaient l'air d'exclure tout ce qui concerne *les droits de
créance*, c'est-à-dire l'un des points les plus importants du
IIIᵉ livre.

Les matières sont en outre classées dans ce troisième
livre avec plus d'ordre et de méthode que dans son modèle.
Ainsi, dans le Code français, les règles relatives à l'acceptation et à la répudiation des successions, aux partages et
rapports, etc., règles qui sont applicables aux successions
testamentaires comme aux successions légitimes, sont in-
tercalées entre les dispositions concernant ces deux genres
de successions, et rattachées au titre des successions
légitimes dont elles forment plusieurs chapitres; de sorte
qu'elles précèdent le titre relatif aux donations entre-vifs
et testaments. Enfin, ce qui a trait aux donations entre-
vifs et testaments forme l'objet d'un titre unique; aussi
les dispositions concernant ces deux matières sont-elles
souvent confondues ensemble.

Dans le Code italien, un ordre plus régulier a été
adopté. On s'occupe d'abord des successions légitimes,
ensuite des successions testamentaires, et c'est alors qu'on
rencontre les dispositions qui leur sont communes et qui
touchent à l'acceptation et répudiation, aux partages et
rapports, etc. Quant aux donations, elles forment l'objet d'un
titre spécial qui vient immédiatement après. Notons encore

que les rédacteurs du Code italien ont rattaché avec raison, le partage d'ascendants aux successions testamentaires.

Les diverses rubriques du titre des obligations sont également mieux coordonnées entre elles que dans le titre correspondant de notre Code. Ainsi la théorie de la preuve termine tout à fait la matière, au lieu de figurer parmi les différentes espèces d'obligations. Dans les titres suivants, les différents contrats sont également mieux placés : ils sont d'ailleurs les mêmes que ceux dont s'occupe notre Code, sauf l'emphytéose qui méritait d'être spécialement réglementée, parce qu'elle est fort en usage en Toscane et en Sicile, où elle sera souvent pratiquée à cause des nombreux défrichements qui restent à faire.

La matière des hypothèques s'ouvre par un titre des plus importants, celui *De la transcription*, et en contient un autre spécialement consacré à *la séparation des patrimoines*.

Enfin le Code italien se termine, comme le nôtre, par les dispositions relatives à la prescription.

Tel est l'aspect général que présente le Code italien comparé au Code Napoléon. Il contient 2147 articles, lesquels, avec les 12 articles des dispositions générales préliminaires, donnent un total de 2159. Il contient donc 122 articles de moins que notre Code civil qui en compte 2281. Si l'on remarque, en outre, que le Code italien contient plusieurs titres qui n'ont pas d'équivalents dans le nôtre, tels que les titres relatifs à la communauté, à la possession, à l'emphytéose, à la transcription, on sera porté à croire qu'il se distingue par une plus grande précision de style, et qu'il possède à un bien plus haut degré cette énergique concision qui doit former le caractère saillant des bonnes codifications.

Nous regrettons que cette opinion ne nous paraisse pas conforme à la vérité, et il nous a semblé qu'après les nombreux travaux critiques dont le Code Napoléon a été l'objet en Italie aussi bien qu'en France, on aurait pu espérer une rédaction plus ferme et plus nerveuse. La concision juridique ne doit pas, en effet, se mesurer d'après le nombre des articles, mais d'après leur contenu. Si, malgré l'insertion de quelques titres nouveaux, le Code italien contient encore moins d'articles que le Code Napoléon, cela tient à ce qu'on a eu soin d'élaguer tout ce qui concernait les étrangers et le droit international privé; qu'il n'y est pas le moins du monde question des effets des condamnations pénales sur l'exercice et la jouissance des droits civils; que la théorie de la *cession des biens* n'a pas été admise, et qu'enfin on a renvoyé au Code de procédure ou au Code pénal toutes les dispositions qui paraissaient pouvoir y trouver place. Mais on peut affirmer qu'il y avait encore bien d'autres suppressions à faire. Ainsi, tous les articles du Code Napoléon qui contiennent soit des définitions, soit des règles d'interprétations, ou des applications évidentes et forcées de principes déjà formulés, ont été soigneusement reproduits par les rédacteurs du Code italien, qui sont allés jusqu'à traduire nos règles *d'interprétation des con-*

ventions. Ces défauts, qui étaient déjà très-apparents dans le projet Miglietti, avaient choqué plusieurs jurisconsultes. MM. de Stefani-Nicolosi et Buniva, notamment, ont demandé que l'on fît disparaître ces dispositions banales, inutiles quand elles ne sont pas dangereuses, et qui, dans tous les cas, sont du ressort exclusif de la doctrine et non pas du législateur. Mais ces observations n'ont pas eu de succès. Il est vrai que, sous ce rapport, le dernier projet présenté par la commission sénatoriale ne renchérissait pas sur le Code Napoléon, mais il n'en est pas de même du texte définitif qui a été promulgué, et qui présente un bien plus grand nombre de dispositions sans utilité.

§ 3.

I. Dispositions générales. — De la publication des lois.
II. Des meubles et immeubles appartenant à des étrangers.
III. Règle : *Locus regit actum.*

I. Les dispositions générales qui précèdent le Code italien présentent quelques innovations qu'il importe de signaler.

L'article 1er s'écarte complètement du système du Code Napoléon en ce qui concerne *la publication des lois*. Au lieu d'admettre pour les diverses parties du territoire italien des délais successifs, après lesquels la loi serait censée connue, le Code italien préfère avec raison adopter un délai unique, et décide en conséquence que la loi sera partout exécutoire le quinzième jour après sa publication.

Cette réforme était indispensable. Depuis longtemps, en effet, les jurisconsultes les plus autorisés reconnaissent que le système des délais successifs, encore en vigueur en France, est tout-à-fait mal conçu :

« Je suis de plus en plus persuadé, a écrit M. Demolombe (1), que le mode actuel de publication de nos lois

(1) *Cours de Code Napoléon*, 2e édit., t. I, n° 31, p. 35.

appelle des améliorations. J'aimerais mieux, pour mon
compte, que la loi nouvelle devînt, après un certain délai,
obligatoire le même jour dans tout l'empire. Ce moyen
n'aurait pas d'inconvénients, puisque le gouvernement peut,
en cas d'urgence, en accélérer la publication, et il aurait le
grand avantage de prévenir toutes les difficultés dont je
viens de parler. Il est vrai qu'elles n'ont été, à ma connaissance du moins, soulevées nulle part, et que, dès-lors, on
peut me dire qu'elles sont plus hypothétiques que réelles;
mais il est certain, du moins, qu'elles sont possibles, et que
la rapidité merveilleuse des moyens actuels de communi-
cation peut les élever quelque jour dans la pratique. »

La cour d'appel de Lucques s'était préoccupée, au sujet
de cette question, de la possibilité de la fraude. Est-ce que,
en effet, durant l'intervalle qui s'écoulera entre le moment
où la loi sera connue en fait et celui où elle deviendra
légalement obligatoire, les particuliers ne pourraient pas
préparer les moyens d'en éluder les dispositions? Cela est
vrai; mais, dans ses *Etudes sur le projet Miglietti* (¹),
M. Buniva fit remarquer avec raison que le même danger
existait dans le système des délais successifs, et que ce
danger est inévitable à une époque où les moyens de
publicité sont aussi considérables et aussi prompts.

II. Les autres dispositions préliminaires contiennent
encore d'autres innovations notables.

(¹) Page 19.

Ainsi, l'art. 7 déclare que *les biens meubles sont soumis à la loi de la nation du propriétaire, sauf disposition contraire de la loi du pays dans lequel ils se trouvent.* Voilà donc tranchée, dans le sens le plus favorable aux étrangers, une importante question de droit international privé qui, en France, a donné lieu à plusieurs opinions différentes. Mais est-il bien sûr que l'art. 7 du Code italien soit rédigé de manière à éviter toute difficulté? Nous croyons qu'il est permis d'en douter, et que son application ne tardera pas à en faire naître plus d'une, car le texte ne distingue pas entre les meubles considérés individuellement et les universalités de meubles, et il y a telle circonstance où cette distinction doit forcément être admise.

L'article 7 ajoute que *les immeubles sont régis par la loi en vigueur au lieu de leur situation.*

L'article 8 est également important à connaître; il est ainsi conçu : *Les successions légitimes et testamentaires, soit quant à l'ordre de succéder, soit quant à la mesure des droits successoraux et la validité intrinsèque des dispositions, sont régies par la loi de la nation à laquelle appartenait le défunt, quelle que soit la nature des biens, et dans quelque pays qu'ils soient situés.*

Cette solution est facile à comprendre en elle-même; mais ce qui nous paraît difficile à saisir, c'est, à l'égard des meubles, la véritable économie de cet article combiné avec l'article précédent.

Lorsqu'on se demande, en effet, par quelle loi doivent

être régis les immeubles, et par quelle les meubles, où est le principal, je dirai presque le seul intérêt de la question? Evidemment dans l'hypothèse d'une succession ouverte. Or, l'art, 8 décide qu'en matière de succession, la dévolution des biens, *quelle que soit leur nature*, se règle d'après la loi de la nation à laquelle appartenait le défunt. On voit tout de suite ce qui doit arriver pour les immeubles possédés en Italie par un étranger dont la succession est ouverte. Ces immeubles seront régis par la loi italienne (art. 7, § 2), sauf ce qui concerne leur dévolution par succession, qui sera réglée par la loi étrangère (art. 8). Mais *quid* à l'égard des meubles trouvés en Italie?... Déjà, d'après l'article 7, ils étaient déclarés soumis à la loi du pays de leur propriétaire; l'article 8 ne change rien à cela, en déclarant que leur dévolution par succession aura lieu d'après la loi du pays de leur propriétaire. L'article 8 paraissait donc au moins inutile en ce qui concerne les meubles, après l'art. 7; ou bien il était inutile de parler des meubles dans l'art. 7, du moment qu'on était dans l'intention de déclarer dans l'art. 8 que la dévolution des successions aurait toujours lieu d'après la loi personnelle au défunt. Il est vrai, que pour justifier ces deux articles, on peut dire : L'article 7 a pour but de confirmer la règle *mobilia sequuntur personam* qui, désormais, aura la portée d'un principe de droit international; et l'art. 8 a pour but de trancher les controverses que cette règle soulevait en matière de succession. Mais comme la règle *mobilia sequuntur personam* ne peut avoir d'application raisonnable qu'en matière de succession, notre critique subsiste toujours. Aussi, craignons-nous bien que ces deux articles ne soient, dans la pratique, une source de complications qu'il eût été facile d'éviter. On pourrait soutenir, en effet, que l'art. 8 étant spécial à la matière des successions, il faut nécessairement admettre, pour trouver un sens utile à l'art. 7, que ce dernier article doit s'appliquer à toutes les hypothèses, autres que celles d'une transmission de succession, où il sera question de meubles appartenant à un étranger. A l'aide de cette façon d'argumenter, qui trouvera un point d'appui sérieux sur le texte de la loi, on pourra soutenir les théories les plus singulières quand il s'agira de questions de voies d'exécution, de privilèges, de prescriptions soulevées à propos de meubles. Or, il est manifeste que les rédacteurs du Code italien n'ont pas entendu soumettre à la loi étrangère les questions de cette nature; et, malgré les termes malheureux de l'article 7, nous pensons que leur doctrine se réduit à ceci :

« Les meubles, individuellement considérés, seront régis par la loi du pays où ils se trouvent, mais leur transmission par succession ou par testament sera régie par la loi du pays de leur propriétaire. »

III. Voyons maintenant comment les rédacteurs du Code italien ont organisé l'application de la maxime : *Locus regit actum*. Les divers cas d'application de cette règle sont indiqués avec soin et précision dans les art. 9 et 10. Mais il résulte de l'art. 12 que les dispositions *prohibitives* de la loi à laquelle on est soumis et concernant les personnes, les biens, les actes, l'ordre public et les bonnes mœurs dérogent à la règle : *Locus regit actum.* Au premier abord, on pourrait croire que cela n'avait pas besoin d'être formulé en précepte législatif, et que la doctrine pouvait facilement arriver toute seule à cette conception. Cela est évident lorsque l'ordre public et les bonnes mœurs sont, en effet, engagés dans la question. Mais il n'en est plus ainsi lorsqu'il s'agit de conventions ou dispositions licites concernant les personnes ou les choses. C'est parce que le Code français ne contient pas une déclaration semblable que la controverse s'est élevée et dure encore sur plusieurs questions. Ainsi on se demande, sous l'empire de notre Code, si la règle *Locus regit actum* s'applique seulement aux actes authentiques ou bien aussi aux actes sous seing privé? L'article 12 des dispositions générales qui précèdent le Code italien, tranche, à cet égard, toute difficulté. La question sera de savoir lorsque la loi exige un acte authentique, si elle a un caractère prohibitif à l'égard de l'écrit sous-seing privé, si elle a été rédigée dans le but d'exclure cet écrit.

§ 4.

I. Les dispositions du Code italien, en ce qui concerne le *droit des personnes*, et spécialement la *jouissance et l'exercice des droits civils*, nous ont paru remarquables autant par la largeur des principes qui leur servent de base que par leur clarté et leur précision exceptionnelle.

La matière correspondante est traitée dans le Code Napoléon d'une manière diffuse et souvent obscure. De plus, l'économie de la loi a été plusieurs fois législativement modifiée; de sorte qu'aujourd'hui, pour la bien comprendre, il faut combiner, avec des articles déjà trop nombreux et même mal rédigés, un grand nombre de lois particulières. Aussi n'y a-t-il que les jurisconsultes qui puissent voir clair au milieu de cette confusion. Cela est fâcheux; car ce n'est pas pour les jurisconsultes seuls que la loi est faite; il faut qu'elle soit facilement comprise de tout le monde.

Aussi le premier titre du Code Napoléon est-il, à notre point de vue, l'un de ceux dont la révision serait le plus à désirer.

Mais la rédaction italienne l'emportera toujours, à notre avis du moins, sur la rédaction française, parce qu'elle possède certaines expressions heureuses qui font défaut dans notre langue juridique, et qui s'appliquent avec une extrême justesse à la chose qu'elles désignent.

Ainsi, notre article 7, en déclarant que l'exercice des droits civils est indépendant de la qualité de *citoyen*, a pour résultat de restreindre le sens du mot *citoyen*, lequel ne peut, en effet, désigner que les Français ayant la jouissance des droits politiques, et ne peut dès lors, aucunement, s'appliquer aux femmes ni aux mineurs de 21 ans. Mais il n'y a pas d'expression particulière pour désigner celui qui a la jouissance et l'exercice des droits civils, même de ceux que la loi refuse aux étrangers. On l'appelle tout simplement *Français*. De sorte que tous les *Français* ne sont pas *citoyens*, mais tous les *citoyens* sont nécessairement *Français*. Or, la loi civile a incontestablement le droit de déterminer les conditions sous lesquelles elle admet une personne quelconque à participer aux avantages qu'elle assure à ceux qui vivent sous son empire, avantages dont la réunion forme ce qu'on appelait autrefois le *Status civitatis*.

Pareillement la loi civile a aussi le droit de priver de toute participation au *Status civitatis* les personnes qui auront méconnu ses prescriptions. Malheureusement, le législateur français, qui ne pouvait pas refaire la langue, a dû employer des expressions un peu équivoques, quoique d'ailleurs parfaitement légitimées par l'usage. En conséquence, il a parlé de *l'acquisition et de la perte* DE LA QUALITÉ DE FRANÇAIS. Ce sont ces expressions mal comprises qui ont provoqué, de la part de quelques publicistes, il est vrai absolument étrangers à la science du droit, d'acrimonieuses critiques contre le Code Napoléon. La nationalité, ont-ils dit, est indépendante de toute déclaration du législateur ; elle résulte d'un fait qu'il n'est au pouvoir d'aucune loi de détruire, et le Code ne peut pas faire que celui qui est Français cesse de l'être, pas plus qu'il ne peut rendre Français celui qui ne l'est pas. Il est vrai que cette critique est puérile et ne mérite pas même les honneurs d'une réfutation, quoiqu'elle ait fait impression sur certains esprits. Aussi n'en parlons-nous que pour faire remarquer qu'elle a été seulement rendue possible par l'équivoque des expressions consacrées : *Acquisition ou perte de la qualité de Français.*

La terminologie juridique italienne est, à cet égard, préférable. Il n'y est jamais question d'acquérir ou de perdre la qualité d'*Italien ;* le mot *nationalité* n'est pas même prononcé dans le Code. C'est le mot *citoyen* qui seul est employé, ainsi que le mot *cittadinanza*, extrèmement heureux, et qui n'a pas d'équivalent en français. Les Italiens ont conservé au mot *cittadino* le même sens qu'avait le mot latin *civis*. Nous savons, en effet, que le mot *civis* se réfé-

rait uniquement à la participation au droit civil et pouvait,
par conséquent, être appliqué même aux femmes, même
aux enfants (1); il faisait uniquement allusion au *status civitatis*, sans impliquer nécessairement la jouissance des
droits politiques. De même le Code italien applique aux
femmes et aux enfants la qualification de *cittadino, cittadina.*

II. Le nouveau Code admet libéralement les étrangers à
la jouissance de tous les droits civils attribués aux Italiens
(art. 3). La loi est rédigée à cet égard d'une manière
générale et ne requiert aucune condition de domicile ni de
réciprocité. On ne saurait assez louer cette disposition qui
est tout-à-fait en harmonie avec les vraies notions économiques. De plus, elle a pour effet de simplifier singulièrement la loi en lui ôtant l'embarras de choisir entre des systèmes divers dont aucun n'est satisfaisant. On sait toutes
les difficultés qu'éprouvent les jurisconsultes pour établir
quelle est, sur le point qui nous occupe, la véritable théorie du Code Napoléon. Cependant, d'après l'interprétation
qui prévaut en général, on peut dire qu'il n'y a pas, en
définitive, une bien grande différence entre l'étranger et le
Français. Nous n'hésitons pas à croire, en effet, que l'étranger est, en principe, admis à jouir en France des mêmes
droits que le Français; qu'il est seulement privé des droits
qu'une disposition spéciale lui retire, et que, même pour

(1) Vid. Gaïus, *Inst.* I, § 66, 67, 68, etc.

ces derniers droits, il en jouit s'il y a lieu d'appliquer la réciprocité diplomatique dont parle l'article 11. Mais quelle difficulté pour arriver à la démonstration de cette solution, et combien la décision du Code italien est plus simple, plus libérale et plus sage !

Les règles concernant l'acquisition et la perte du *status civitatis* italien, car nous ne trouvons pas d'expression pour rendre le mot *cittadinanza*, ces règles, disons-nous, sont à peu près les mêmes que celles du Code Napoléon, sauf quelques différences de détail; nous parlerons seulement de quelques-unes.

III. L'article 6 déclare étranger l'enfant né en pays étranger d'un père qui a perdu la qualité d'Italien. Néanmoins, s'il a accepté un emploi public dans le royaume, s'il sert ou a servi dans les armées de terre ou de mer, ou s'il a satisfait à la loi sur le recrutement sans exciper de son extranéité, il est réputé Italien. Cette disposition est, on le voit, tout-à-fait analogue à celle de la loi du 22 mars 1849, modifiant l'article 9 du Code Napoléon. Mais on remarquera qu'en Italie le fait d'avoir rempli des fonctions civiles procure le même avantage que celui d'avoir servi ou de servir dans l'armée, tandis qu'en France il n'en est pas ainsi. Cette décision est due à une observation fort juste de M. Buniva [1], et il serait à désirer qu'elle fût adoptée chez nous.

(1) P. 27.

IV. Les articles 9 et 14 consacrent la règle que la femme étrangère qui épouse un Italien devient Italienne, et que la femme italienne qui épouse un étranger perd son *status civitatis*. M. de Stefani-Nicolosi admet bien la vérité du principe d'après lequel la femme doit suivre la condition de son mari; mais, dit-il, on ne saurait l'admettre d'une façon absolue dans les lois positives, puisque ce principe n'est pas reçu chez tous les peuples. En effet, en Angleterre, l'étrangère qui épouse un Anglais ne devient pas Anglaise, et l'Anglaise qui épouse un étranger ne cesse pas d'être Anglaise. Il pourrait donc arriver qu'une Italienne épousant un Anglais cessât d'être Italienne sans devenir Anglaise, et qu'à l'inverse une Anglaise épousant un Italien se trouvât investie de deux nationalités. En conséquence, M. de Stefani aurait voulu que le texte définitif déclarât : 1° Que l'étrangère qui épouserait un Italien ne deviendrait Italienne que si les lois de sa patrie ne s'y opposaient pas; 2° que l'Italienne épousant un étranger ne perdrait sa nationalité d'origine que dans le cas où elle pourrait acquérir la nationalité de son mari par l'effet des lois du pays de ce dernier. Le vœu de M. de Stefani-Nicolosi n'a pas été écouté, et il nous paraît qu'il ne devait pas l'être. Il n'y a pas, en effet, de relation nécessaire entre la perte de sa nationalité d'origine, de son *status civitatis*, et l'acquisition d'une nationalité étrangère. Il s'agit ici d'une présomption de la loi en vertu de laquelle la femme qui épouse un étranger entend renoncer à son *status civitatis*; il est tout naturel qu'elle perde.

ce *status*, quand même elle ne pourrait acquérir celui de son mari. A l'inverse, on pourra traiter comme Italienne ou comme Française, car la situation est la même en droit français, l'Anglaise qui aurait épousé un Italien ou un Français. Peu doit importer en France et en Italie que la loi anglaise persiste à la considérer comme Anglaise. Il faut traiter cette hypothèse comme celle où, d'après le Code civil français, la nationalité est perdue par tout établissement fait en pays étranger, sans esprit de retour. Peu importe que le Français établi, sans esprit de retour, en pays étranger ait obtenu ou non sa naturalisation dans ce pays.

V. A ce propos, nous ferons remarquer que le Code italien n'admet pas ce moyen de perdre sa nationalité; il n'en parle pas. La nationalité ne se perd en Italie que de trois manières :

1° Par l'effet d'une renonciation formelle devant l'officier de l'état civil de son domicile, suivie du transfert de sa résidence en pays étranger. Par là se trouvent évitées toutes les difficultés relatives à la preuve de l'intention;

2° Par la naturalisation en pays étranger ;

3° Par tout office civil ou militaire accepté en pays étranger sans l'autorisation du gouvernement.

M. Buniva fait observer ([1]) que ces dispositions consacrent une innovation radicale sur les principes de la jurispru-

([1]) P. 31

3

dence antérieure. Autrefois, en effet, *le lien de sujétion, sudditanza*, était considéré comme perpétuel. Un citoyen ne
pouvait, par son fait personnel, se dégager des liens qui
l'attachaient au gouvernement de sa patrie. Il pouvait bien
encourir la perte de la *cittadinanza*, c'est-à-dire du *status
civitatis*, mais la *sudditanza* l'assujétissait toujours à certains
devoirs dont il ne pouvait être affranchi que par un acte
émané du souverain. Cette sujétion forcée ne pouvait évidemment produire aucun bon résultat; aussi a-t-elle, à bon
droit, disparu du nouveau Code. Seulement, l'article 12
déclare que l'abdication volontaire de la nationalité n'a pas
pour effet d'exonérer du service militaire, ni de soustraire
à l'application des peines menaçant ceux qui portent les
armes contre leur patrie.

VI. Le titre que nous examinons est uniquement consa-
cré à la *cittadinanza* et à *la jouissance des droits civils*. Il n'y
est pas le moins du monde question de la perte des droits
civils. On a eu soin d'élaguer du Code tout ce qui avait
trait à la privation des droits par l'effet de condamnations
judiciaires. L'article 1er se borne à poser le principe que tout
sujet du royaume jouit des droits civils, pourvu qu'il n'en
soit pas déchu par l'effet d'une condamnation pénale. C'était
là une matière mixte pouvant, sans inconvénient, être
réglée plutôt par les lois pénales que par les lois civiles.

Le titre 2e du Ier livre du Code italien concerne *le
domicile*, dont la définition est calquée sur celle donnée par

le Code Napoléon. La preuve d'un changement de domicile ne peut résulter que de la double déclaration faite aux municipalités et non pas, en outre, des circonstances, comme l'admet notre Code. Enfin, il n'est pas le moins du monde question de l'influence que peut exercer sur le domicile la nomination d'un citoyen à des fonctions inamovibles. Par conséquent, la question de savoir où est le domicile d'une personne se réduira toujours à rechercher où est son principal établissement.

Le titre de *l'absence*, qui suit immédiatement, ne nous suggère aucune observation particulière, si ce n'est que les délais après lesquels l'absence peut être déclarée et l'envoi en possession provisoire accordé ont été abrégés. C'est trois ans après les dernières nouvelles, et six ans dans le cas où l'absent aurait laissé une procuration, que la déclaration d'absence et l'envoi en possession provisoire pourront être demandés. Cette abréviation s'explique par la plus grande facilité des communications qui rapproche aujourd'hui toutes les distances, et qui par conséquent rend plus grave le défaut absolu de nouvelles pendant une période de temps relativement plus courte.

VII. C'est après le titre de l'absence, et immédiatement avant celui du mariage, que les rédacteurs du Code italien ont placé un titre nouveau relatif à la *parenté* et à *l'alliance*. Les dispositions de ce titre ne sont que la reproduction des articles 735 et suivants du Code Napoléon,

au titre *Des successions*. Il est certain que ces dispositions
sont mieux placées immédiatement avant le mariage, puisque les règles concernant le mariage supposent connue la
manière suivant laquelle est établie la parenté et l'alliance.
Nous ferons seulement observer que le Code italien a réduit
au dixième degré les effets de la parenté légitime que notre
Code conserve jusqu'au douzième (article 755). Du reste, il
en était déjà ainsi en Toscane depuis la loi sur les successions *ab intestat*, du 18 août 1814, article 26. M. de Stefani-
Nicolosi (¹) avait exprimé le vœu qu'on ne conservât du titre
de la *parenté* que cette dernière disposition. Il disait, en
effet, avec assez de raison, que les divers articles relatifs à
la computation des degrés de parenté étaient inutiles ; que
c'était à la doctrine et non à la puissance législative qu'il
appartenait de formuler de semblables règles, révélées
d'ailleurs par la nature elle-même... Tout cela est vrai.
Cependant, comme il existe plusieurs modes de computation des degrés de parenté, il nous paraît assez naturel
que le Code civil ait jugé nécessaire de faire disparaître toute
équivoque en indiquant le système qu'il adoptait.

(¹) *Loc. cit.*, p. 35 et 36.

§ 5.

I. Le titre du mariage, que nous allons examiner avec tout le soin que mérite un pareil sujet, débute par une section consacrée aux *promesses de mariage.*

« *La promesse réciproque de contracter ensemble mariage,* dit l'art. 63, *n'engendre pas d'obligation légale de le contracter, ni d'accomplir la prestation qui a été stipulée pour le cas d'inexécution de cette promesse.* »

Art. 64. « *Si cette promesse a été faite dans un acte public ou sous-seing privé par un majeur, ou par un mineur autorisé des personnes dont le consentement est nécessaire pour la vali-*

dité du mariage, ou bien si cette promesse résulte des publica-
tions faites par l'officier de l'état civil, le promettant, s'il refuse
de l'exécuter sans juste motif, sera tenu d'indemniser l'autre
partie de toutes les dépenses motivées par cette promesse de
mariage. Néanmoins l'action en indemnité ne sera plus recevable après une année écoulée depuis le jour où cette promesse
de mariage aurait dû recevoir exécution. »

Ces dispositions n'existent pas dans notre Code français.
Etait-il bien utile de les insérer dans le Code italien ?
M. Buniva (¹) a énergiquement soutenu la négative, et il
nous semble qu'il avait parfaitement raison. A quoi bon,
en effet, déclarer qu'une promesse de mariage ne saurait
obliger les parties à le contracter ? Est-ce que cela ne
résulte pas de la nature même du mariage ? D'un autre
côté, si l'inexécution d'une promesse constitue un fait
dommageable, ne résulte-t-il pas des principes généraux
du droit qu'une action en réparation du préjudice doit être
accordée à la partie lésée ?...

En ce qui concerne la disposition de l'art. 54, M. Buniva
s'élève contre l'injustice qui en résulte. Pourquoi, dit-il,
accorder seulement l'action en indemnité à ceux qui peuvent produire une promesse écrite et la refuser aux autres ?... Est-ce que la situation n'est pas la même dans tous
les cas ? Il est vrai que la situation est toujours la même ;
cependant, on comprend que le législateur, pour éviter des

(¹) P. 56 et 57.

procès souvent scandaleux et toujours difficiles, ait voulu
subordonner la recevabilité de l'action à la production d'un
document écrit, et ait repoussé toute allégation qui ne
reposerait que sur l'offre d'une preuve testimoniale, et qui
serait de nature à compromettre, le plus souvent sans
motif, le repos des familles. Cependant M. Buniva approuve
sans réserve le paragraphe qui limite à une année l'action
en indemnité, dans les cas où elle est recevable. Et en
effet il serait à désirer qu'une limitation semblable fût aussi
décrétée en France, quoiqu'en fait les tribunaux tiennent
toujours compte, dans leur appréciation, du temps plus
ou moins long pendant lequel le demandeur est resté
inactif.

II. Le mariage, considéré en lui-même, a été envisagé
par le législateur italien de la même manière qu'il l'avait
été par le législateur français, c'est-à-dire qu'il a été purement et simplement sécularisé comme il fallait qu'il le fût. La
sécularisation du mariage est pour l'Italie une grande innovation qui, pendant quelque temps encore, servira peut-être
de matière à controverse. Pour nous, Français, c'est une
question jugée depuis 60 ans ; une expérience de plus d'un
demi-siècle enlève tout intérêt à une discussion qui se produirait dans le vide ; aussi, à peine avons-nous besoin de
dire que la sécularisation du mariage ne porte aucune
atteinte, même indirecte, à la liberté religieuse, puisque
les époux sont toujours libres de réclamer l'intervention du

ministre de leur culte (1). Mais la loi italienne, ainsi que le
déclarait M. Vigliani, rapporteur de la commission du

(1) *Quid*, si un époux civilement marié ne veut pas ajouter la célébration
religieuse à la célébration civile ?... Voici ce que propose M. Batbie pour remé-
dier aux inconvénients dérivant d'une telle situation : « Je voudrais, dit-il, que
devant l'officier de l'état civil, les conjoints déclarassent s'ils entendent célébrer
leur mariage religieusement ou non. Si non, le mariage civil serait définitif; si
oui, *la loi ne reconnaîtrait le mariage qu'autant qu'on justifierait de la célébration
religieuse*. Ainsi se concilierait le droit individuel avec l'intérêt général, et satisfaction serait donnée à la liberté de conscience d'une manière pleine » (*Correspondant, loc. cit.*, p. 94-95). — Voyons quelles seraient les conséquences d'une
telle innovation :

1° Sauf quelques cas extrêmement rares, les parties déclareront toujours
vouloir célébrer le mariage *religieusement* ; or, la loi civile ne devant reconnaître
le mariage qu'*autant qu'on justifierait de la célébration religieuse*, le mariage contracté devant l'officier de l'état civil serait presque toujours *conditionnel*, c'est-à-
dire que ce ne serait plus le mariage, mais de *simples fiançailles* ;

2° La preuve du mariage ne résulterait plus des actes de l'état civil, mais des
extraits des *registres des paroisses* ;

3° Les conditions concernant la pureté du consentement, la capacité, etc.,
qu'il suffit aujourd'hui de remplir au moment de la célébration devant l'officier
de l'état civil, devraient, de plus, être exigées au moment de la célébration
religieuse ;

4° Ces conditions devraient être appréciées *à ce moment*, non d'après la loi
civile, mais d'après les canons de l'Eglise ;

5° Les mariages *conditionnellement* célébrés devant le maire, alors que toutes
les prescriptions voulues par la loi civile ont été observées, pourraient être
annulés pour défaut d'observation des règles canoniques, qui ne sont pas les
mêmes ; ainsi, le mariage contracté *sans dispense canonique* entre petits-fils de
cousins germains devrait être annulé, etc. ;

6° A l'inverse, un mariage pourrait être annulé par application des règles du
droit civil, alors qu'il ne pourrait l'être par application des règles canoniques,
par exemple dans le cas de défaut de consentement des ascendants d'un mineur de
25 ans ;

7° Donc, dans tous les cas, les questions de validité du mariage ne pourraient
être décidées que par application des règles canoniques ;

8° L'application de ces règles ne pouvant être faite par des juges laïques, il
faudrait reconstituer purement et simplement la *juridiction ecclésiastique* ;

9° Comme la reconstitution de la juridiction ecclésiastique et la détermination

Sénat, a voulu être plus libérale que la loi française [1]. Elle n'a pas voulu reproduire les pénalités édictées par les art. 199 et 200 de notre Code pénal, contre le ministre d'un culte qui procèderait aux cérémonies religieuses d'un mariage, sans qu'il lui ait été justifié d'un acte de mariage préalablement reçu par les officiers de l'état civil. De sorte que, en Italie, les parties auront la faculté de procéder à la célébration religieuse de leur union, quand elles le jugeront convenable, soit avant, soit après l'acte civil.

Il nous est impossible, nous n'hésitons pas à le déclarer, de voir dans l'abandon des art. 199 et 200 du Code pénal un hommage à la liberté. Le maintien de ces dispositions, d'ailleurs purement comminatoires, nous paraît, au contraire, indispensable pour la sauvegarde des bonnes mœurs et de la décence publique. Si les pénalités dont il s'agit n'étaient pas écrites dans la loi, on verrait trop souvent des hommes, sans scrupule et sans croyance, chercher à endormir, au moyen d'une bénédiction religieuse, des con-

---

de sa compétence seraient incompatibles avec un grand nombre de dispositions du Code civil, il faudrait abroger toutes les dispositions qui ont eu pour but la *sécularisation* de la loi civile ;

10° Au point de vue du *droit public*..... mais je dois m'arrêter ; ce que je viens de dire suffit pour démontrer que jamais on n'a formulé de proposition plus destructive des principes sur lesquels repose depuis 60 ans l'organisation civile de la société moderne. Je préférerais, pour mon compte, adopter l'opinion de ceux qui enseignent que, dans le cas de refus de l'un des conjoints de procéder à la célébration religieuse, le mariage peut être annulé pour cause d'erreur dans la personne.

[1] Voy. le rapport, p. 34, *Sessione Parlamentare del 1863*, n° 48 *bis*. Édition officielle.

sciences troublées par le remords... A côté du mariage et des devoirs austères qu'il impose, on verrait se glisser un concubinage hypocrite qui serait une insulte à la religion plus encore qu'à la société. Il ne faut pas s'y tromper, en effet, malgré les art. 199 et 200 du Code pénal, il arrive quelquefois que des mariages purement religieux sont clandestinement célébrés, et il est peu d'hommes d'affaires, dans les grands centres de population, qui n'aient la connaissance personnelle de quelque fait de ce genre. Or, presque chaque fois que le fait s'est produit, il s'agissait d'un homme qui, dominé par des préjugés de naissance ou de fortune, consentait bien à honorer une pauvre femme d'un mariage religieux, soigneusement dissimulé aux yeux du monde, mais qui n'aurait jamais consenti à l'élever au rang de son épouse. Il importe, en effet, de remarquer que le mariage religieux, dans cette hypothèse, n'est recherché que parce qu'il est défendu par la loi civile, et que, pour ce motif, il n'est pas le mariage. Si la loi civile attribuait à cette union les mêmes effets qu'au mariage civil, on n'en voudrait pas ; car ce qu'on veut, c'est, avant tout, *ne pas être marié* et néanmoins trouver une combinaison commode qui permette d'agir comme si on l'était. Il est certain que les art. 199 et 200 empêchent que des faits de ce genre se reproduisent souvent, non pas à cause de la crainte que peuvent inspirer les pénalités qu'ils édictent, mais parce que les ministres du culte trouvent dans ces articles un point d'appui sérieux pour résister aux obsessions des hommes puissants, car ce ne sont pas les misérables qui pourront jamais songer à un mariage purement religieux.

III. Le Code italien ayant complètement sécularisé le mariage devait, comme le Code français, n'édicter aucune incapacité spéciale de le contracter à l'égard des prêtres catholiques et des personnes engagées par des vœux perpétuels de chasteté. Aussi n'en parle-t-il pas dans le titre consacré aux conditions requises pour se marier. M. de Stefani-Nicolosi s'éleva avec énergie contre cette omission, et réclama vivement l'insertion d'un article qui aurait déclaré incapable de contracter mariage les prêtres catholiques et les personnes liées par des vœux religieux. M. de Stefani fondait principalement sa réclamation sur le *Statut constitutionnel*, qui déclare la religion catholique, religion de l'Etat (¹), et il insistait pour que le mariage contracté par un prêtre fût entaché de nullité absolue et d'ordre public :

« Les lois civiles, disait-il, ne doivent pas, ne peuvent pas permettre qu'une femme catholique qui aurait, par erreur, épousé un prêtre, qu'un homme catholique qui aurait épousé une femme liée par un vœu solennel de chasteté et qu'il croyait libre, soient obligés de vivre, malgré les remords de leur conscience, en état de perpétuel sacrilège (²). »

(¹) Voy. p. 39.
(²) Pag. 57-58.

La réponse est facile : de ce que le pacte constitutionnel déclare la religion catholique religion de l'Etat, il n'en résulte pas du tout, pour la loi civile, l'obligation d'interdire le mariage à une classe de citoyens, alors surtout que cette déclaration d'une religion d'Etat n'a plus aujourd'hui la même signification qu'autrefois. Quant au résultat qui révoltait avec raison M. de Stefani, dans le cas d'un mariage contracté par erreur avec une personne engagée dans les ordres sacrés, nous verrons plus bas qu'un tel mariage pourrait être annulé pour cause d'erreur, et que dès lors les craintes de M. de Stefani sont sans objet.

Cette question du mariage des prêtres n'est pas toujours envisagée comme il faudrait qu'elle le fût. On a eu le tort de vouloir en faire une question de droit, alors qu'elle ne peut et ne doit être qu'une question de morale. C'est précisément parce que l'opinion publique réprouve de pareilles unions, et flétrit par un mépris mérité ceux qui violent ainsi des engagements solennellement contractés envers l'Eglise, que la loi civile n'a pas à intervenir pour déclarer incapables du mariage ceux qui n'hésiteront pas à vouloir affronter l'animadversion de tous. Nous avons, sur le mariage des prêtres, absolument la même opinion que l'Eglise catholique, nous le réprouvons et nous le flétrissons comme elle, nous croyons qu'il doit être défendu, mais seulement par la conscience humaine et l'opinion des gens honnêtes, et non par la loi civile. La loi civile, en effet, selon l'observation de M. Buniva (¹), n'a pas pour mission de veiller à l'observation des prescriptions de l'Eglise, mais seulement d'assurer la liberté de conscience et des cultes. Mais nous avons encore d'autres motifs, bien plus pratiques, pour adopter sur cette question l'opinion des Portalis, des Valette, des Serigny, des Demolombe.:....

Les considérations, quelquefois banales, sur *les droits du citoyen*, nous toucheraient peu, en effet, s'il ne s'agissait que de donner satisfaction à des croyances religieuses outragées ; et alors nous n'hésiterions pas à déclarer que la loi civile doit river le prêtre à son vœu, comme autrefois le serf était rivé à la glèbe. Mais qu'arriverait-il si la loi civile, prohibant le mariage des personnes liées par un vœu de chasteté, un prêtre ou un religieux insistait pour obtenir la célébration civile de son mariage, alléguant que son ordination est entachée de nullité pour inobservation des règles canoniques, ou que son vœu lui a été arraché par la violence ?... Est-ce que les tribunaux laïques seraient compétents pour statuer sur des questions de cette nature ? La disposition qui prohiberait le mariage des personnes liées par un vœu vis-à-vis de l'Eglise n'exigerait-elle pas, comme complément nécessaire, le rétablissement des tribuna x ecclésiastiques, des anciennes officialités ? Ne faudrait-il pas, dès-lors, admettre au sein de l'Etat des

(¹) Pag. 64.

tribunaux étrangers à l'Etat, et une procédure particulière, et les appels en cour de Rome, et la prépondérance en France des décisions d'une juridiction étrangère ?... MM. Serigny et Demolombe avaient bien raison lorsque, examinant la valeur des arguments sur lesquels on a essayé de faire prévaloir en France l'opinion que le mariage des prêtres était prohibé par la loi, ils s'écriaient : « Si ces arguments sont fondés, nous nous faisons forts d'en faire sortir logiquement l'ancien régime tout entier (¹). » C'est le même point de vue qui nous préoccupe ; et si nous pensons que la loi civile doit s'abstenir de déclarer prohibé le mariage des prêtres, ce n'est pas du tout par sympathie pour des hommes qui n'en méritent aucune, mais uniquement parce qu'une telle prohibition aboutirait forcément à une impossibilité manifeste, à savoir : la reconstitution d'un passé définitivement disparu.

IV. Si le Code italien n'a pas cru devoir édicter l'incapacité dont nous venons d'examiner les conséquences, il en a prononcé d'autres dont ne parle pas textuellement le Code Napoléon. Ainsi, l'art. 61 déclare incapables de contracter mariage, les interdits pour cause de démence ; ce qui tranche une controverse qui dure encore en France. L'art. 62 mérite d'être particulièrement remarqué ; il dispose : que celui qui, par jugement criminel, a été reconnu

(¹) Voy. Demolombe, t. III, p. 203, nᵒ 231.

coupable d'homicide volontaire, consommé ou non (délit manqué), ou seulement tenté sur la personne de l'un des conjoints, ne peut contracter mariage avec l'autre conjoint.

Nous n'avons pas d'observation particulière à présenter sur les autres règles concernant les conditions requises pour contracter mariage, les formalités qui doivent le précéder, le droit d'y former opposition et les formes suivant lesquelles il doit être célébré devant l'officier de l'état civil. Nous retrouvons toujours à peu près les mêmes dispositions que dans le Code Napoléon, avec quelques améliorations de détail, ne présentant pas assez d'importance pour être signalées. Mais la théorie des nullités de mariage devra nous arrêter un instant, quoique cette théorie soit absolument la même que celle consacrée par le Code Napoléon.

V. Nous devons d'abord mentionner la disposition de l'art. 107, aux termes duquel : l'impuissance manifeste et permanente de l'un des conjoints, quand elle est antérieure au mariage, peut être proposée comme cause de nullité par l'autre conjoint. L'article ne dit pas textuellement que l'époux demandeur en nullité doit avoir ignoré, au moment de la célébration du mariage, l'état d'impuissance de son conjoint. Mais il est certain qu'il en doit être ainsi ; la nullité pour cause d'impuissance rentre donc dans la théorie de la nullité pour cause d'erreur dans la personne, et c'est précisément pour trancher la controverse qui s'est élevée sur ce point en droit français que l'art. 107 a été inséré dans le Code italien immédiatement après les dispositions relatives à l'erreur.

VI. Les causes de nullité sont d'ailleurs les mêmes dans le Code italien que dans le Code français ; seulement il y en a une de plus qui dérive de l'état d'interdiction de l'un des conjoints, puisque nous avons vu que les interdits pour cause de démence sont déclarés incapables de se marier. L'art. 112 règle l'exercice de l'action en nullité ouverte dans ce cas, en adoptant l'une des opinions qui ont cours en France, que nous ne croyons pas la meilleure. Nous n'hésitons pas, en effet, à penser avec M. Demolombe que si le mariage a été contracté dans un intervalle lucide, il doit être valable et inattaquable, et que dans le cas contraire il est *inexistant*, et que par suite il peut être attaqué en tout temps et par toute personne ([1]). Nous comprenons très-bien qu'un législateur ne veuille pas appliquer cette théorie, et, à cause de la difficulté de prouver l'intervalle lucide, préfère déclarer l'interdit incapable de contracter mariage. Mais cela signifie que la présomption d'insanité permanente doit l'emporter, et il faut dès lors déclarer le mariage radicalement inexistant pour défaut de consentement. Or, c'est ce que ne fait pas l'art. 112, qui reproduit l'erreur assez répandue dans la doctrine et la jurisprudence française.

([1]) *Du mariage*, t. I, p. 193, n° 129.

« *Le mariage de l'interdit*, lisons-nous dans cet article, *pourra être attaqué par l'interdit lui-même*, *son tuteur*, *le conseil de famille et le ministère public*..... *Mais l'annulation ne pourra plus être prononcée si la cohabitation a continué pendant trois mois depuis la main levée de l'interdiction*. »

La cour d'appel de Gênes s'était élevée avec raison contre cette disposition, en faisant remarquer que l'inaction des prétendus conjoints ne pouvait donner le caractère du mariage à une union où le consentement avait fait défaut d'une manière complète, et qu'une nouvelle célébration était nécessaire (¹). Il faut reconnaître cependant que la solution admise par le Code italien, quoique peu en harmonie avec les principes, a été atténuée de manière à ne pas présenter dans son application les mêmes inconvénients que chez nous. Ainsi, la jurisprudence française, appliquant les art. 180 et 181 C. N., a été amenée à reconnaître que l'interdit seul a le droit de demander la nullité, et que par conséquent s'il meurt en état d'interdiction, le mariage, même le plus extravagant, qu'il aurait contracté pendant sa démence, n'aurait jamais pu, à aucune époque, être atta-qué par personne (²) !... Le Code italien a prévu la diffi-culté, et en conséquence il accorde formellement l'exercice de l'action en nullité, non-seulement à l'interdit lui-même,

---

(¹) Voy. BUNIVA, loc. cit., p. 86.
(²) Voy. DEMOLOMBE, loc. cit.

4

mais encore, ainsi que nous l'avons vu, à son tuteur, au conseil de famille et au ministère public.

VII. En ce qui concerne la nullité pour cause d'erreur, nous aurions voulu que le Code italien fût formulé avec plus de précision que le Code français, de manière à trancher législativement la plupart des controverses si graves qui divisent encore la doctrine et la jurisprudence. Mais les rédacteurs du Code italien se sont bornés à reproduire la disposition de notre Code qui admet la nullité pour cause d'erreur *dans la personne* (*nella persona*, art. 105). Que faut-il entendre par erreur *dans la personne?* Le législateur ne le dit pas; c'est la doctrine et la jurisprudence qui devront déterminer le sens de la loi, et les mêmes tiraillements qui se sont produits en France sur ce point se produiront aussi en Italie.

Du reste, nous doutons que les rédacteurs eux-mêmes du texte italien aient eu, à cet égard, des vues bien arrêtées. Il nous est impossible, en effet, d'admettre que le rapporteur de la commission du Sénat, M. Vigliani, ait exprimé l'opinion bien raisonnée de tous les membres de la commission lorsqu'il expliquait de la manière suivante la nullité pour cause d'erreur *dans la personne :*

« En ce qui touche l'erreur, le projet de Code soumis à la commission porte qu'elle sera une cause de nullité du mariage quand il s'agira d'une erreur *essentielle* dans la personne. L'adjectif *essentiel* avait été *probablement* inséré dans le projet pour dissiper l'équivoque et l'ambiguité que présentent les expressions : *dans la personne*, empruntées au Code Napoléon. Mais il a semblé à la commission que cet adjectif *essentielle* arrivait à un résultat tout contraire, qu'il aurait pour effet d'augmenter l'incertitude, et d'ouvrir un champ nouveau à la controverse sur le point de savoir quelle erreur sera essentielle et quelle erreur ne le sera pas. Déterminée par ces considérations, la commission a supprimé le mot *essentiel, parce qu'il était bien entendu (collo intendimento) que la seule erreur qui tombe sur l'identité de la personne de l'une des parties contractantes pouvait donner lieu à l'annulation du mariage.* Quant à l'erreur sur une qualité quelconque, soit physique, soit morale, soit sociale de la personne, elle ne doit jamais constituer une cause de nullité du mariage ([1]). »

Voilà comment s'exprime M. Vigliani dans son rapport. Il formulait, on le voit, une vieille opinion, depuis longtemps tout-à-fait abandonnée en France, où elle est considérée aujourd'hui comme une erreur. Nous ne pouvons croire que cette opinion soit devenue prépondérante en Italie, et que l'art. 105 ait été voté dans le sens d'une doctrine aussi discréditée. Les paroles de M. Vigliani nous prouvent seulement :

1° Que la commission ne savait pas quelle portée avait l'expression *erreur essentielle* dans l'esprit des premiers rédacteurs du projet;

([1]) Sessiono parlamentare del 1863, *Bullelin officiel*, n° 45 *bis*, p. 45.

2° Que M. Vigliani et la majorité de la commission avaient oublié la distinction à faire entre le cas où l'erreur est exclusive du consentement, et le cas où elle ne le détruit pas, mais se borne à le vicier.

Dans le cas où l'erreur porte sur l'identité de la personne, il n'y a pas du tout de consentement, il n'y a pas de mariage ; il y a une vaine apparence dont le néant juridique peut être opposé en tout temps et par toute personne.

Or, que suppose l'action en nullité pour cause d'erreur admise par le Code italien ? Elle suppose qu'il s'agit d'une erreur qui vicie le consentement mais ne le détruit pas, d'une erreur par conséquent qui porte sur autre chose que l'identité physique de la personne. C'est parce que le consentement entaché d'erreur est simplement vicié et non radicalement absent, que le mariage *existe* quoique *annulable*, que le droit d'en provoquer l'annulation n'appartient qu'à l'époux qui s'est trompé, et qu'enfin le vice du mariage peut disparaître par l'effet d'une ratification ultérieure.

Il est donc certain que si l'erreur a porté sur l'identité physique de la personne, il n'y a pas mariage ; que par conséquent ce n'est pas cette hypothèse qui est prévue par l'art. 105, où il est seulement question d'un mariage annulable ; que cet article prévoit d'autres hypothèses qu'il s'agit de déterminer, et, quelles que soient les déclarations faites par M. Vigliani, elles ne pourront jamais détruire l'économie de la loi, et n'auront pas plus de valeur que toute autre opinion individuelle.

Aussi sommes-nous convaincus que le Code italien a eu pour but de consacrer, en matière d'erreur, la même théorie que le Code français.

Pour nous, cette théorie se réduit aux points suivants :

1° Ce n'est pas indifféremment que la locution erreur *dans la personne*, *nella persona*, a été employée de préférence à la locution, qui paraissait plus naturelle, erreur *sur la personne*, *sulla persona*.

2° Cette locution se réfère manifestement aux qualités appelées par les canonistes : *redundantes in personam*, c'est-à-dire, tellement *essentielles* ou *substantielles*, qu'elles sont en quelque sorte *intégrantes* de la personne, de façon que l'erreur sur l'une d'elles tombe réellement, pour partie, dans la personne.

3° Ces qualités sont celles qui sont tellement inhérentes à la personne, que leur présence est toujours présumée, de manière que l'esprit ne s'en préoccupe jamais spécialement, attendu qu'il est tout naturellement porté à croire qu'elles existent. Mais précisément à cause de cela, précisément parce que l'existence de ces qualités *va de soi*, tant elle est naturelle, leur absence fait qu'on n'aurait pas épousé la personne si on avait su qu'elle en était privée. Un canoniste célèbre a formulé cette idée avec un rare bonheur d'expression :

« *Error circa qualitatem*, dit Van Espen, *dicitur redundare in personam, quando animus contrahentis sic fertur in certam qualitatem, ut implicite nolit personam, si ipsi desit qualitas in qua errat* (¹). »

4° Les qualités qui présentent ce caractère sont les suivantes :

a L'état civil,

b La nationalité,

c La religion,

d La faculté d'engendrer,

e La liberté de tout engagement religieux.

L'erreur qui porterait sur l'une de ces qualités et qui sera presque toujours causée par des manœuvres frauduleuses, doit pouvoir, en principe, entraîner la nullité du mariage (*in thesi*), à moins que les circonstances du fait ne démontrent que la qualité sur laquelle on s'est trompé était indifférente (*in hypothesi*).

En effet, quand un mariage se conclut, les investigations préliminaires ne porteront presque jamais sur ces qualités ; leur présence est si ordinaire, si naturelle qu'on ne suppose jamais leur absence. Quand un individu jouit d'un état civil apparent, qu'il passe pour avoir telle nationalité, pour être né dans telle religion, qu'il vit comme les personnes laïques, et qu'enfin rien ne fait douter de sa faculté d'engendrer, on sera porté à tenir tout cela pour constant, et on n'ira pas faire d'enquête pour s'assurer de la présence de qualités aussi naturellement inhérentes à la personne.

(¹) *Juris ecclesiastici pars secunda*, tit. XIII, cap. III, n° 5.

Donc l'erreur, sur ces qualités, tombe véritablement *dans la personne.*

Ces qualités présentent ce caractère remarquable qu'elles ne sont susceptibles ni de plus, ni de moins.

5° Au contraire, les qualités secondaires ou accidentelles sont celles qui peuvent être aussi bien absentes que présentes, et qui sont susceptibles de plus ou de moins. Elles ont trait à la fortune de la personne, à son honnêteté, à sa probité, à sa santé. Dans les mariages, les investigations des parties ne portent que sur la présence de ces qualités, précisément parce qu'elles peuvent n'exister pas, ou n'exister qu'à un degré insuffisant. Tant pis pour celui qui se trompe ou qui est trompé, l'événement prouve qu'il n'a pas su ou voulu se renseigner. Le dol ici ne fait rien à l'affaire; en matière de mariage, il n'est jamais une cause de nullité. Plus l'erreur sera grave, moins elle sera excusable..... A quel degré d'avilissement le mariage ne tomberait-il pas si, pour faire rompre une union, il suffisait de dire : Je me suis trompé!.....

VIII. La rigidité de cette doctrine a effrayé quelques juristes qui pensent que notre Code devrait, sur ce point, être singulièrement adouci, et voici comment on peut résumer leur argumentation :

Pourquoi le législateur de 1804 s'est-il montré aussi rigoureux? Parce qu'il admettait le divorce..... Il y avait dans la possibilité du divorce un correctif à la sévérité de la loi qui n'admettait que difficilement les causes de nullité. Or, on s'est borné plus tard à supprimer le divorce sans apporter au Code aucune autre modification. Il s'en est suivi que le système primitif du Code a été dérangé dans son économie ; la sévérité de la loi, quant aux causes de nullité, a été conservée après que le correctif de cette même sévérité, c'est-à-dire le divorce, avait disparu. Donc, la suppression du divorce devait provoquer nécessairement une révision des causes de nullité dans le sens de leur extension ; c'est ce qui n'a pas été fait, c'est ce qu'il faudrait faire.....

A notre avis, rien de plus faux que de voir dans le divorce un correctif à la sévérité de la loi en matière de nullités de mariage. Il suffit de lire les art. 229 à 233 Code Napoléon, pour se convaincre qu'il n'existait et qu'il ne pouvait exister aucune espèce de relation entre la théorie des nullités et celle du divorce. Le divorce, en effet, ne pouvait être prononcé que dans des hypothèses où il serait impossible de trouver une cause de nullité, quelque porté qu'on fût à les prodiguer. La suppression du divorce n'a donc aucunement dérangé l'économie de la loi, et n'appelait aucune autre modification dans le Code.

Ce qui est vrai, c'est que la législation française sur le mariage, en ce qui touche les conditions à remplir pour en être capable, les formalités préalables à observer et l'admission des causes de nullité, est la plus sévère de toute l'Europe. Bien loin de nous en affliger, nous constatons ce fait avec orgueil,... C'est grâce à ce caractère rigide de notre législation que chez aucun peuple les mariages ne se font aussi sérieusement qu'en France, que nulle part un acte aussi grave n'est en même temps aussi réfléchi. Aussi ne voit-on presque jamais chez nous de ces mariages excentriques si communs chez les nations voisines. Ceux qui se sentent gênés sur notre sol pour contracter des unions ridicules malgré leur famille et souvent en dépit du sens moral et du sens commun, vont à l'étranger demander à une législation complaisante ce que leur refuse la loi plus réellement libérale de notre pays. Mais quel respect pourrait leur inspirer une union contractée dans de telles conditions ? Aussi les voit-on s'empresser bientôt de porter de scandaleux débats devant les tribunaux français pour demander la nullité du lien qu'ils ont si témérairement noué. Mais la loi française se ferait leur complice si elle écoutait leur demande !... Aussi la difficulté de faire rompre même ces mariages de hasard célébrés d'une manière équivoque dans un pays lointain, contribue plus que toute autre considération à diminuer le nombre de ces irréparables folies.

Félicitons l'Italie de ce qu'ayant à choisir une loi nouvelle pour régler le mariage, elle a eu le courage d'adopter la plus sévère, et le bon sens de n'avoir pas même songé à la gâter par de dangereuses atténuations !....

IX. Passons maintenant à un autre ordre d'idées. Le

Code italien a admis, comme le nôtre, des empêchements prohibitifs à côté des empêchements dirimants. Ce sont les mêmes, mais il convient de remarquer comment a été réglé l'empêchement résultant pour la veuve de la nécessité de laisser écouler dix mois avant de contracter une nouvelle union. D'abord l'art. 57 déclare que l'empêchement cesse en cas d'accouchement de la veuve, — ce qui est fâcheux, car cet empêchement ne nous paraît pas être uniquement motivé par la nécessité d'éviter la *confusio partûs*, mais aussi par les convenances. En second lieu, si la veuve veut se remarier avant l'expiration des dix mois, l'art. 86 accorde le droit de former opposition à ses ascendants les plus proches et à tous les parents du premier mari, comme aussi à l'ex-conjoint si le mariage, au lieu d'avoir été dissous par la mort du mari, avait été annulé par la justice. Enfin, d'après l'art. 128 § 2, la veuve qui a réussi à contracter mariage avant d'avoir laissé écouler dix mois, est déclarée déchue de toute donation ou avantage matrimonial dérivant de son premier mari, et de tout droit à la succession de celui-ci. Ces précautions multipliées, prises par le Code italien, sont de nature à nous faire croire que les veuves, en Italie, sont assez généralement portées à abréger l'*année de deuil*...

X. Les règles relatives à la preuve de la célébration du mariage, aux droits et aux devoirs qui en découlent, son.

les mêmes que dans notre Code. Mais il s'en est fallu de peu qu'elles ne fussent gravement modifiées. Le projet Miglietti ne proposait rien moins, en effet, que la suppression pure et simple de l'autorisation maritale pour la femme, qui se fût trouvée ainsi tout-à-fait émancipée et aurait pu contracter à sa guise des engagements quelconques et aliéner ses biens sans que le mari eût le droit d'intervenir !... Une pareille énormité souleva, comme il fallait s'y attendre, une réprobation énergique de la part de tous les jurisconsultes. M. de Stefani-Nicolosi n'hésita pas à déclarer que le projet de supprimer l'autorisation maritale était une attaque directe contre la famille, et que le maintien de cette autorisation était une nécessité d'ordre public (¹). M. Buniva protesta aussi dans son examen du projet, et déclara qu'il lui était impossible d'apercevoir les inconvénients de l'autorisation maritale, admise sans difficulté dans la plus grande partie de l'Italie, et plus impossible encore de comprendre quels si puissants motifs avaient poussé la commission à en proposer la suppression (²).

Ces motifs nous sont révélés par le rapport de M. Vigliani, organe de la commission sénatoriale, qui, plus tard, fut chargée de réviser le projet.

(¹) Pag. 64, 65.
(²) Pag. 91.

La nécessité de l'autorisation maritale était reconnue et appliquée sans difficulté dans toute l'Italie, excepté en Lombardie, parce que la Lombardie était encore régie par la loi autrichienne, et que l'Autriche a jugé à propos de ne pas admettre chez elle la nécessité de l'autorisation maritale. Or, on avait cru, et même un rapport ministériel en faisait foi, que la longue pratique du Code autrichien en Lombardie avait pu créer des habitudes difficiles à détruire. En conséquence, on voulait les respecter et même généraliser ce qui se pratiquait dans les anciennes provinces jadis occupées par l'Autriche. Il fallut qu'un savant juriste milanais vînt donner un démenti formel au rapport ministériel, et déclarer que les jurisconsultes et praticiens lombards avaient bien souvent déploré les funestes conséquences de la loi autrichienne, mais que fort heureusement cette loi était dépourvue d'une véritable importance pratique, attendu la persistance des vieilles habitudes juridiques fondées sur des principes tout-à-fait opposés. Aussi, dès que la question fut éclaircie, il n'y eut plus de difficulté, et l'autorisation maritale, un moment compromise par l'influence autrichienne, retrouva dans le Code la place qui lui était due.

Cependant, la nécessité de l'autorisation maritale a été restreinte dans des limites plus étroites qu'en France. Ainsi l'art. 134, § 2, accorde au mari le droit de donner à la femme, par acte public, une autorisation générale, qu'il aura sans doute le droit de révoquer, mais qui vaudra, non-seulement pour les faits d'administration, mais encore pour ceux d'aliénation. L'art. 223 C. N. porte, au contraire, que toute autorisation générale, même stipulée par contrat de mariage, n'est valable que quant à l'administration de la femme. De plus, l'art. 135 du Code italien déclare que l'autorisation du mari n'est pas nécessaire :

1° Quand il est mineur, interdit, absent, ou condamné à plus d'une année de prison, mais alors seulement pendant la durée de la peine;

2° Quand il y a eu séparation de corps judiciaire motivée par la faute du mari;

3° Quand la femme fait le commerce.

Nous devons remarquer encore que l'art. 137 du Code italien reproduit textuellement l'art. 225 du C. Nap., aux termes duquel la nullité fondée sur le défaut d'autorisation ne peut être opposée que par la femme, par le mari, ou *par leurs héritiers.....* Or, comme il paraît impossible de trouver une hypothèse où les héritiers du mari aient intérêt à exercer cette action, les auteurs admettent, en général, que c'est par une erreur de rédaction que l'art. 225 accorde cette action aux héritiers du mari, et alors le Code italien aurait le tort de reproduire cette erreur de rédaction. Cependant, voici un cas où l'action en nullité serait utile aux héritiers du mari: une femme commune en biens avec son mari s'est obligée envers un tiers sans l'autorisation du mari; le mari meurt; la femme, pour frustrer son créancier, renonce frauduleusement à la communauté ; les héritiers du mari profitent de cette renonciation. Mais le créancier frustré exerce l'action Paulienne pour faire annuler la renonciation... Dans ce cas, les héritiers du mari auront intérêt à faire prononcer la nullité pour défaut d'autorisation de l'engagement contracté par la femme.

Les controverses qui durent encore en France sur la nature de la sanction légale, destinée à rendre efficace l'obligation imposée à la femme d'habiter avec le mari, ont été tranchées d'une manière assez heureuse par le nouveau Code italien.

« *L'obligation du mari de fournir des aliments à la femme,* dit l'art. 133, *cesse lorsque cette dernière ayant abandonné le domicile conjugal refuse d'y rentrer. De plus, l'autorité judiciaire pourra, selon les circonstances, ordonner au profit du mari et des enfants la saisie temporaire d'une partie des revenus paraphernaux de la femme.* »

XI. Nous arrivons maintenant au point le plus important peut-être de la matière, c'est-à-dire à la question de savoir quelles doivent être les causes de dissolution du mariage. Fallait-il admettre le divorce dans le nouveau Code, ou seulement la séparation de corps? Les rédacteurs du Code italien ont eu la sagesse de repousser le divorce, quoiqu'il fût réclamé par un grand nombre de publicistes et de jurisconsultes. M. Buniva notamment a plaidé la cause du divorce avec la chaleur et l'énergie d'une inébranlable conviction (1); et comme cette conviction est partagée par quelques esprits, en France comme en Italie, nous croyons devoir dire quelques mots sur la question.

M. Buniva a éloquemment reproduit, en leur donnant une nouvelle force, tous les arguments proposés en faveur de l'adoption du divorce.

Il insiste principalement sur ce que le mariage est un contrat, et que la *perpétuité absolue* du *vinculum juris* n'est de l'essence d'aucun contrat; que tout contrat peut être rompu soit par le mutuel dissentiment, soit pour cause déterminée; il fait voir que lorsque la radicale impossibilité de la vie commune entre deux époux est judiciairement constatée au point qu'il soit nécessaire de prononcer leur séparation, il y a inconséquence flagrante et véritable tyrannie à maintenir d'une manière abstraite le lien conjugal, uniquement pour enlever aux époux séparés la libre disposition d'eux-mêmes, et les exposer, par suite, à tous les désordres du vice. Qu'on n'objecte pas l'intérêt des enfants, la séparation leur est aussi fatale que le divorce, puisque, dans les deux cas, la famille est détruite. Enfin, et c'est là surtout ce qui paraît préoccuper le plus M. Buniva, l'établissement du divorce est la conséquence nécessaire de

(1) Voy. Buniva, *loc. cit.*, p. 104 et suiv.

la sécularisation du mariage ; car c'est l'influence des doctrines de l'Eglise qui a fait bannir le divorce de la législation en vigueur chez plusieurs peuples, et en conséquence, il termine son argumentation en citant les paroles suivantes d'un savant professeur de Pise, M. Gabba :

« Quand nous voyons, dit M. Gabba, que l'indissolubilité du mariage est condamnée depuis des siècles par la moitié de l'Europe civilisée, qu'en France après avoir été supprimée par la Révolution, il fallut pour la rétablir une Chambre INTROUVABLE; qu'en Angleterre on a institué, il n'y a pas encore longtemps, une Cour spéciale pour rendre plus facile la dissolution des mariages, qui ne pouvait antérieurement être prononcée que par la Chambre des Lords; quand nous étudions, en un mot, tous les enseignements de l'histoire, nous sommes conduits à penser qu'avant longtemps le divorce sera la loi commune de l'Europe civilisée, et que ce résultat sera l'une des plus signalées victoires du droit philosophique sur le droit théocratique (¹). »

L'opinion professée par MM. Gabba et Buniva est générale chez tous les partisans du divorce. Ils considèrent le divorce comme étant la conséquence nécessaire de la sécularisation du mariage, et ils veulent l'introduire dans les Codes, surtout parce que l'Eglise catholique le repousse.

(¹) GABBA, studii di legislazione comparata, p. 238, cité par M. BUNIVA, oc. cit., p. 113.

Il y a déjà longtemps cependant que la question du divorce a été nettement détachée des doctrines théologiques. Un homme dont l'opinion, en pareille matière, ne saurait être suspecte, Auguste Comte, disait avec infiniment de raison : « *Il est aisé de reconnaître que pour un grand nombre d'esprits actuels, le grand principe social de l'indissolubilité du mariage n'a, au fond, d'autre tort essentiel que d'avoir été dignement consacré par le catholicisme..... Sans cette sorte d'instinctive répugnance, en effet, la plupart des hommes sensés comprendraient aisément aujourd'hui que l'usage du divorce ne pourrait constituer véritablement qu'un premier pas vers l'entière abolition du mariage*(1). »

Il ne faut donc établir aucune relation entre la sécularisation du mariage et le divorce; et puisque un grand nombre d'esprits ne reconnaissent pas l'autorité des décisions canoniques, il faut chercher une autre base à la doctrine de l'indissolubilité, une base purement scientifique et qui puisse être proposée à tous, même à ceux qui ne sont pas catholiques. D'ailleurs, ce n'est pas parce que l'Eglise l'a dit que le mariage est indissoluble, mais c'est parce qu'il est indissoluble de sa nature que l'Eglise a déclaré qu'il devait l'être,

Au point de vue scientifique, le seul argument des partisans du divorce est celui-ci : le mariage est un *contrat*. Or, l'indissolubilité ne saurait être de l'essence des contrats,

(1) *Cours de Philosophie positive*, t. V, p. 687; note.

5

qui peuvent être résiliés soit d'un commun accord, soit pour cause déterminée.

Cette assertion n'est pas exacte : il y a des contrats indissolubles par essence ; tel est le contrat d'adoption, et nous allons voir qu'il en est de même du mariage.

Remarquons d'abord que le mariage doit être contracté purement et simplement, et que par conséquent il est forcément exclusif de tout terme ou condition soit suspensive, soit résolutoire. Le nouveau Code italien a même pris soin de le déclarer textuellement :

« *La déclaration des parties de se prendre réciproquement pour mari et femme,* dit l'article 95, *ne peut être soumise à un terme, ni à une condition. Si les parties ajoutent à leur déclaration un terme ou une condition et y persistent, l'officier de l'état civil ne pourra procéder à la célébration du mariage.* »

Rien de plus évident que ce point de doctrine, sur lequel on n'insiste pas assez à notre avis, et qui contient certainement un principe de solution.

Puisque on veut, en effet, que le mariage soit traité comme un contrat, et non comme une institution sociale, la question se réduit, en définitive, à savoir si les modes d'extinction qui existent pour les obligations contractuelles en général lui sont applicables.

Ces modes d'extinction sont énumérés par la loi (article 1234 Code Napoléon, article 1236 Code italien). Nous voyons d'abord que la *nullité,* comme cause d'extinction, est applicable au mariage, mais il est remarquable qu'aucun des autres modes ne peut mettre fin à l'union conjugale.

Je ne ferai d'observation qu'en ce qui concerne l'effet de la condition résolutoire, toujours sous-entendue dans les contrats synallagmatiques (article 1184, Code Napoléon, article 1236 Code italien). Il est certain que, dans les contrats ordinaires, la condition résolutoire pourrait être expresse, car si elle ne pouvait pas être insérée expressément, elle ne pourrait pas être considérée comme sous-entendue. Or, le mariage pourrait-il être contracté sous condition résolutoire expresse, c'est-à-dire avec la clause qu'il serait résilié faute par l'une des parties d'exécuter les obligations qui en dérivent? Evidemment non; il doit être contracté purement et simplement, absolument comme l'adoption. Donc si une pareille condition ne peut pas exister *expressément*, elle ne peut être *sous-entendue* (1).

Cela étant, lorsque l'un des conjoints a violé le contrat dans les cas prévus par les articles 229 à 232 Code Napoléon, 150 à 152 Code italien, (pourquoi ces cas seulement et non pas tous les autres?), nous nous demandons quelle est la base juridique de l'action en divorce qui n'est, remarquons-le bien, qu'une action en résolution intentée par l'autre époux? Il n'y en a pas..... à moins qu'on ne veuille

---

(1) C'est en vain qu'on opposerait la maxime : *Expressa nocent, non expressa non nocent;* cette règle n'est vraie que pour certains actes que les Romains appelaient *légitimes,* dont la formule se référant à un fait supposé, actuel ou passé, ne pouvait se prêter à l'inclusion d'un terme ou d'une condition; cette règle avait pour but unique d'éviter ce qu'on appelle : une *contradiction dans les termes,* voy. l. 77, D. 50. 17. *De diversis regulis juris.*

lui en donner une dans l'arbitraire du législateur. Et alors
pourquoi ne pas admettre aussi la possibilité de faire rompre l'adoption ; ce serait bien moins grave que la dissolution du mariage. Mais qui ne voit que l'état des personnes
ne peut pas être ainsi flottant et indéterminé, et qu'une fois
qu'il a été régulièrement créé, il s'impose comme un fait et
ne peut pas être détruit! Cette dernière observation nous
conduit aussi à repousser le divorce par mutuel consentement. Le mutuel consentement ne peut avoir pour effet la
dissolution d'un contrat, que si les choses sont encore
entières, *rebus adhuc integris*. Or, jamais il n'en est
ainsi en matière de mariage : le lien qui s'est formé a créé
un état civil qui ne peut être détruit; l'accord qui interviendrait serait plutôt un nouveau contrat. A ce nouveau
contrat il faudrait appliquer toutes les règles concernant la
validité du consentement dans les contrats ordinaires,
c'est-à-dire la théorie de la violence, de l'erreur, du dol...
Le divorce ne pourrait-il pas, en effet, avoir été imposé à
une partie par la violence?... De sorte que, huit ou
neuf années après le divorce ou la cessation de la violence,
on pourrait voir se produire une action en nullité du
divorce, et la vie des conjoints pourrait s'écouler presque
entière au milieu de toutes ces fluctuations, sans qu'on pût
savoir au juste s'ils sont mariés ou s'ils ne le sont pas.....
Et qu'arriverait-il, si, au moment où la nullité du divorce
était prononcée pour cause de violence, le conjoint auteur
de la violence était déjà marié avec une autre personne?...

Reconnaissons donc qu'il est impossible d'appliquer au mariage les règles des contrats ordinaires; que la dissolution du mariage manquant de base juridique, hors le cas de mort, il est indissoluble par sa nature; les croyances religieuses et les considérations morales ne peuvent exercer aucune influence sur cette solution, si ce n'est ajouter deux motifs de plus pour la faire adopter.

La simple séparation de corps suffit pour atténuer, dans la mesure de ce qu'il est humainement possible de faire, les inconvénients des unions malheureuses. Il n'est pas vrai de dire que la séparation est aussi fatale à la famille et aux enfants que le divorce, car elle laisse l'espoir d'une réconciliation. D'ailleurs, les enfants ne voient pas leur mère contracter une nouvelle union du vivant de leur père, et ce spectacle serait, à notre avis, pour la famille, le plus actif de tous les dissolvants.

L'indissolubilité du mariage doit donc être maintenue pour deux motifs; d'abord, parce que la nature juridique du mariage veut qu'il soit indissoluble; en second lieu, parce que le divorce est incompatible avec l'institution sociale de la famille.

L'Italie a donc bien fait de ne laisser de place dans son Code que pour la séparation de corps. Voyons maintenant comment elle l'a réglementée.

XII. Indépendamment des causes de séparation admises par le Code Napoléon, la loi italienne en a introduit quelques autres. Ainsi, l'art. 150 déclare que la séparation pourra être demandée pour cause d'*abandon volontaire*. On trouvera peut-être qu'il était inutile de prévoir spécialement ce cas, constituant presque toujours une injure grave. On pourrait faire la même observation pour une autre cause de séparation qui nous paraît fort légitime. Le même article décide, en effet, que la séparation pourra être demandée pour cause d'adultère du mari, non seulement quand il a entretenu sa concubine dans la maison commune, mais encore lorsqu'il l'entretient *notoirement* dans un autre lieu. Néanmoins, il était bon que la loi s'expliquât pour lever toute hésitation de la part des juges.

L'article 151 admet, comme la loi française, que la condamnation de l'un des époux à une peine criminelle est une cause de séparation pour l'autre; mais il ajoute : excepté dans le cas où la condamnation est antérieure au mariage et a été connue de l'autre époux (¹). Enfin, l'article

(¹) M. Batbie, s'occupant de cette hypothèse, et surtout de celle où il s'agit d'une peine perpétuelle qui, avant la loi du 31 mai 1854, aurait entraîné la mort civile, propose de permettre au conjoint du condamné de demander la dissolution du mariage et de la faire prononcer en justice, *afin, s'il est jeune, de n'être pas condamné à un long célibat...* « Telle que je la propose, dit M. Batbie, la disposition ne serait pas un cas de *divorce*, mais un cas de *dissolution*, avec cette particularité qu'au lieu d'être forcée, comme elle l'a été jusqu'à 1854, la dissolution ne serait que facultative au gré du conjoint du condamné » (*Correspondant, loc. cit.*, p. 95). — Les mots ne font rien ; l'action facultative en dissolution de mariage ne serait que l'action en divorce de l'art. 232 C. Nap. Sans doute la position du conjoint d'un condamné est bien triste, mais pas plus que la position de son père, de ses enfants, etc. Ce sont là des malheurs individuels qui, de même que les cas fortuits, peuvent atteindre le plus honnête homme, sans que la loi en soit rendue responsable, sans qu'il y ait lieu de détruire cette solidarité forcée qui existe entre les membres d'une même famille.

152 accorde à la femme le droit de demander la séparation
lorsque le mari, sans aucun juste motif, refuse d'adopter
une résidence fixe, ou bien lorsque, en ayant les moyens,
il refuse d'établir sa résidence *d'une manière convenable
d'après sa condition*. Nous ne saurions approuver une semblable disposition. Sans doute, le mari ne peut obliger sa
femme à mener une existence tout-à-fait nomade; mais si
la femme refuse de suivre son mari, et que ce dernier continue son genre de vie, il y aura de sa part soit *abandon
volontaire*, soit *injure grave*, peut-être les deux choses
réunies, et il était inutile d'introduire dans la loi une cause
de séparation implicitement contenue dans les autres. Mais
c'est surtout la deuxième partie de l'article 152 qui nous
paraît dangereuse. Comment! la femme se plaint que son
mari n'établit pas sa résidence d'une manière conforme à sa
condition..... et quel est le juge naturel d'une pareille question de convenance personnelle? N'est-ce pas le mari lui-
même? Comment les tribunaux pourraient-ils se mêler de
semblables appréciations; d'après quelle mesure déter-
mineraient-ils le degré plus ou moins grand d'incon-
venance?... Aussi n'hésitons-nous pas à considérer l'article
152 comme contenant une disposition malheureuse; il
fallait, en cette matière, tout réduire à la question d'*injure*.
Si, par exemple, un homme riche veut obliger sa femme à
vivre comme si elle était sans fortune, à travailler de ses
mains pour un salaire, s'il ne lui accorde que le strict
nécessaire, nous comprenons qu'une pareille conduite

puisse quelquefois constituer une injure et motiver, à ce titre, une demande en séparation. Mais, avec l'article 152, il faudrait décider qu'une femme aurait le droit d'obtenir la séparation, parce que son mari pouvant et devant même, au jugement du monde, habiter un palais dans une capitale, préfère résider dans une très-modeste maison au milieu d'une lande déserte...

XIII. Nous trouvons encore au titre de la séparation de corps une disposition que nous ne saurions assez énergiquement condamner. C'est celle contenue dans l'article 158, ainsi conçu :

« *La séparation des époux par consentement mutuel pourra avoir lieu moyennant l'homologation du tribunal.* »

La loi française, mieux inspirée, et quoiqu'elle eût admis le divorce par consentement mutuel, avait cependant prohibé la séparation volontaire. Mais pourquoi avait-elle ainsi décidé? — « La vérité est, dit M. Demolombe, que ce mode de séparation de corps ne pouvait être qu'inutile ou frauduleux : inutile, parce que si les époux sont vraiment d'accord pour trouver l'existence commune insupportable, ils n'ont pas besoin de jugement pour la faire cesser; — frauduleux, parce que la séparation de corps, emportant toujours la séparation de biens, aurait pu offrir ainsi aux époux le moyen facile de tromper leurs créanciers (art. 311, 1443). — Ajoutez enfin que cette faculté, et peut-être même l'espoir de se réunir plus tard, que les époux auraient

toujours conservé, auraient multiplié scandaleusement ces
sortes de séparations volontaires (1). »

Il semble que ces raisons soient péremptoires; néanmoins, il y a encore des personnes qui persistent à désirer
que la séparation de corps puisse avoir lieu volontairement.
Quels peuvent donc être les graves motifs d'une telle conviction? On ne croirait jamais combien ils sont futiles; les
voici : Les débats publics de l'audience, dirigés souvent par
les avocats d'une manière acerbe et acrimonieuse, aigris-
sent beaucoup plus les époux l'un contre l'autre que les
griefs antérieurs qu'ils pourraient respectivement invoquer;
de sorte qu'une réconciliation est bien plus difficile après
les plaidoiries qu'avant. Au contraire, une séparation volontaire consommée selon toutes les règles de la politesse et
du savoir vivre, laisserait toujours entier l'espoir d'un raccommodement, et présenterait de plus cet avantage que le
scandale des débats publics serait évité.

Ce qu'il y a de plus clair dans cette opinion, c'est qu'a-
vant toute chose elle consacre une incroyable facilité de
séparation sur l'espoir menteur d'une réconciliation chimérique..... Aussi les motifs qu'elle allègue ne sont qu'apparents, et en réalité elle est le produit de préoccupations
aristocratiques diamétralement contraires aux mœurs publiques de l'époque.

On voudrait donner aux gens mal mariés qui appartiennent aux classes distinguées de la société le moyen de se

(1) *Du mariage*, t. II, p. 499, no 400.

séparer officiellement et pourtant sans bruit, en quelque sorte à huis-clos, sans les mettre dans la nécessité d'initier le public aux misères de leur intérieur ; en un mot, le but réel de la doctrine sur la séparation volontaire, c'est de sauvegarder l'honneur et la considération des familles.

En s'inspirant du même point de vue, le comte de Maistre était logiquement conduit à regretter les lettres de cachet et la Bastille... « Où seroit le grand malheur, dit-il quelque part, si le souverain pouvoit, de son autorité propre, faire enfermer un mauvais sujet sur le point de déshonorer sa famille ? Est-ce que l'État, la famille et le mauvais sujet lui-même ne devroient pas le remercier ?... »

Pour nous, nous avons d'autres pensées : nous estimons que chacun doit porter ostensiblement la responsabilité de ses actes, et que tout ce qui ressemble au huis-clos est antipathique aux mœurs modernes. La crainte que les débats publics soient de nature à faire déchoir une famille de sa considération est fondée, il est vrai, dans une certaine mesure ; mais c'est pour cela que cette crainte nous paraît salutaire, car on ne saurait dire combien, chaque année, elle empêche de demandes en séparation, et, en définitive, nous préférons un système qui rend les séparations plus difficiles à celui qui semble les provoquer à plaisir. D'ailleurs, il ne faut pas s'y tromper : le divorce, avec sa brutale netteté, serait peut-être moins fatal à l'institution du mariage que cette doucereuse doctrine qui semble dire aux époux : *Séparez-vous d'abord sans bruit pour avoir plus tard le plaisir du raccommodement ; — au fond, vous êtes peut-être des misérables, mais le public n'en saura rien, et l'honneur du nom sera sauf !*

§ 6.

I. Quelques modifications assez graves aux règles contenues dans le Code Napoléon, en matière de filiation, ont été admises par le Code italien. Le mari ne pourra pas, en général, désavouer l'enfant né de sa femme en alléguant son impuissance, mais il le pourra, dit l'art. 164, dans le cas d'impuissance *manifeste*.

L'article 165 paraît avoir eu pour but de reproduire, purement et simplement, l'art. 313 du Code Napoléon. Mais les rédacteurs du Code italien, en voulant trancher une question controversée que soulève notre texte français, ont malheureusement détruit la véritable économie de cet article 313.

En effet, cette disposition porte que le mari ne pourra désavouer l'enfant, même pour cause d'adultère, à moins que la naissance ne lui ait été cachée, *auquel cas* il sera admis à proposer tous les faits propres à justifier qu'il n'en est pas le père.

Il résulte de là que, pour triompher dans l'action en désaveu, il ne suffit pas de prouver : 1° l'adultère de la femme, 2° le recel de la naissance, parce que, malgré ces deux faits, il pourrait encore être vrai que le mari eût cohabité avec sa femme, et fût réellement le père de l'enfant. Aussi l'article 313 demande-t-il, de plus, un troisième élément de preuve, c'est-à-dire *des faits propres à justifier que le mari n'est pas le père de l'enfant*, en d'autres termes des faits impliquant une *impossibilité morale de cohabitation*.

Mais il y avait une petite controverse sur le point de savoir si l'adultère devait résulter d'un jugement rendu par le tribunal de police correctionnelle, ou s'il pouvait être directement allégué et prouvé devant le tribunal saisi de la demande en désaveu ; les rédacteurs du Code italien ont voulu trancher cette controverse, mais en le faisant, ils ont tout-à-fait détruit l'économie de l'article 313 du Code Napoléon. Voici, en effet, la traduction littérale de l'article 165 :

« Le mari ne peut désavouer l'enfant pour cause d'adultère, à moins que la naissance ne lui ait été cachée. Dans ce cas, il est admis à prouver, par tous les moyens possibles, même dans l'instance en désaveu, aussi bien les faits de l'adultère et du recel de la naissance *que les autres faits tendant à exclure la paternité.* » Il semble donc résulter des termes de cette disposition qu'il suffira de prouver l'adultère de la femme et le recel de la naissance pour que le désaveu soit admis, c'est-à-dire deux faits qui ne sont pas nécessairement exclusifs de la paternité, car ce n'est qu'incidemment que la loi parle des *autres faits* tendant à exclure la paternité, mais elle ne subordonne pas à la preuve qui en sera faite l'admissibilité du désaveu.

L'article 165 déclare, en outre, que l'aveu seul de la mère ne suffit pas pour faire repousser la paternité du mari. Cela est manifeste et n'avait pas, ce semble, besoin d'être dit.

II. La condition des enfants nés hors mariage, quoique réglée d'après les principes consacrés par le Code Napoléon, a cependant été notablement changée sur plusieurs points. Nous remarquons d'abord que l'art. 183 déclare que l'enfant naturel reconnu par l'un des époux qui l'aurait eu avant son mariage, ne peut être introduit dans la maison commune sans le consentement de l'autre époux, à moins que ce dernier n'eût déjà donné son adhésion à la reconnaissance. On ne peut qu'approuver cette sage mesure.

La recherche de la paternité et celle de la maternité sont restreintes dans les mêmes limites que par notre Code. Elles ne peuvent avoir lieu dans aucun des cas où la reconnaissance est prohibée. « Cependant, dit l'art. 193, le fils naturel aura toujours action pour obtenir des aliments :

» 1° Si la paternité ou la maternité résulte indirectement d'une sentence civile ou pénale ;

» 2° Si la paternité ou la maternité résulte d'un mariage déclaré nul ;

» 3° Si la paternité ou la maternité résulte d'une déclaration expresse contenue dans un écrit émané du père ou de la mère. »

Ces importantes décisions ont, on le voit, pour effet de trancher implicitement plusieurs graves controverses, et de concilier assez heureusement les intérêts des enfants nés hors mariage avec les droits de la famille légitime qu'il ne faut jamais perdre de vue.

III. Ce système de conciliation, si difficile à bien organiser, devait trouver son complément dans la théorie de la légitimation des enfants naturels.

Dans notre droit, cette légitimation ne peut résulter que du mariage subséquent des père et mère. Par conséquent, dans les cas où, par l'effet d'une circonstance quelconque, le mariage subséquent des père et mère est impossible, les enfants naturels seront privés du bienfait de la légitimation, malgré le désir que pourraient avoir leurs auteurs d'effacer, autant qu'il est en eux, le vice de leur naissance.

Or, il est d'une bonne politique de favoriser, autant que possible, la légitimation, pourvu cependant que les intérêts de la famille légitime ne soient pas compromis. Mais ces intérêts une fois sérieusement sauvegardés, il ne peut y avoir qu'un grand avantage à faciliter l'accès de la légitimité aux enfants nés hors mariage. Le Code italien l'a bien compris, et, en conséquence, il a admis la légitimation par décret du chef de l'État. Mais la loi n'a pas voulu abandonner à l'arbitraire du prince la décision sur les demandes en légitimation, et l'art. 198 détermine avec soin les conditions qui doivent se trouver réunies pour qu'une telle faveur puisse être accordée :

« La légitimation, dit l'art. 198, ne peut être accordée par décret du prince que moyennant le concours des conditions suivantes :

» 1° Que la demande en soit faite par le père et la mère, ou l'un des deux ;

» 2° Que le demandeur n'ait pas d'enfants légitimes, ni légitimés, ni de descendants d'eux ;

» 3° Que le même demandeur se trouve dans l'impossibilité actuelle de légitimer ses enfants naturels par mariage subséquent ;

» 4° Que dans le cas où le demandeur serait marié, il produise le consentement de son conjoint. »

La disposition contenue dans l'article suivant complète ce système :

« Lorsque le père ou la mère, dit l'art. 199, aura exprimé dans son testament ou dans un acte public la volonté de légitimer ses enfants naturels, ces derniers pourront, après la mort de leur auteur, demander eux-mêmes leur légitimation, pourvu qu'au moment de cette mort les conditions prévues par les §§ 2 et 3 de l'article précédent se trouvent réunies, c'est-à-dire l'absence de tous autres descendants légitimes ou légitimés déjà, et l'impossibilité du subséquent mariage.

» Dans ce cas, ajoute l'art. 199, la demande sera communiquée aux deux plus proches parents de l'auteur défunt, choisis parmi ceux qui sont parents au moins au 4ᵉ degré. »

Nous approuvons complètement cette réglementation libérale de la légitimation. Car cette institution est un éclatant hommage rendu à la famille légitime ; et, renfermée dans de justes limites, elle ne peut qu'exercer une heureuse influence sur la moralité publique.

IV. Nous n'en dirons pas autant de l'adoption, qui ne doit être reçue dans un Code qu'avec une extrême réserve.

On sait pourquoi l'adoption était en si grande faveur à Rome. C'est qu'elle cadrait parfaitement avec la constitution purement politique de la famille. Au moyen de l'adoption, les grandes familles patriciennes étaient conservées, les *sacra privata* ne périssaient pas, et les grandes familles plébéiennes trouvaient le moyen de pénétrer peu à peu dans le véritable patriciat.

L'adoption se présente donc avec un caractère manifestement aristocratique, et de plus comme une institution rivale du mariage, et par conséquent ennemie de la famille.

C'est pour cela qu'elle ne fut jamais reçue en France, où la famille avait été organisée sur la base des idées chrétiennes et non d'après des vues politiques. Si les lois de la Révolution se sont empressées de faire revivre l'adoption, il faut reconnaître que ç'a été plutôt dans un esprit de pure réaction contre l'ancienne jurisprudence que par l'effet d'une saine appréciation de cette aristocratique institution. Aussi, lors de la discussion du Code Napoléon, l'abolition de l'adoption fût-elle nettement proposée par plusieurs; mais le Premier Consul, qui songeait dès lors, peut-être, à la reconstitution de la noblesse, s'y opposa énergiquement. Il aurait même voulu que l'adoption imitât complètement la nature, et rendît l'adopté tout-à-fait étranger à sa famille naturelle, car, disait-il : « *Les enfants adoptifs seront toujours préférables aux enfants selon la nature, attendu qu'on les aura choisis...* » Heureusement que ces idées n'ont pas prévalu. Mais comme l'adoption, même atténuée dans ses effets, est encore d'une utilité fort contestable et n'a jamais sérieusement pénétré dans nos mœurs, nous la verrions disparaître sans regret. Tout au plus pourrait-on conserver l'adoption rémunératoire. Avec ce genre particulier d'adoption, et la possibilité de légitimer les enfants naturels par décret du souverain, lorsque le mariage subséquent est impossible, nous croyons qu'on peut donner satisfaction, dans la juste mesure de ce qui convient, à toutes les aspirations légitimes. Nous pensons donc que le Code italien

aurait dû limiter l'adoption aux hypothèses où elle est destinée à être le prix d'un grand service.

Les auteurs du dernier projet soumis à la commission
sénatoriale avaient partagé de tout point les idées que nous
venons d'émettre au sujet de l'adoption, et en conséquence
ils l'avaient purement et simplement rejetée. Mais les membres de la commission du Sénat n'envisagèrent pas la question sous le même point de vue; ils trouvèrent avantageux
de conserver une institution reçue en Italie de toute antiquité, et, chose singulière, ils ont supprimé dans le nouveau
Code l'adoption rémunératoire, qui pouvait à la rigueur être
maintenue, pour ne conserver que l'adoption ordinaire. Ils
ont même rendu celle-ci plus facile. En effet, selon le Code
italien, il n'est plus nécessaire d'avoir donné des soins pendant un temps quelconque à celui qu'on se propose d'adopter (art. 202). La tutelle officieuse est dès lors inconnue; on
peut adopter un mineur pourvu qu'il ait 18 ans accomplis
(art. 206). Les formalités de l'adoption sont fort abrégées ;
le contrat est passé au greffe de la Cour d'appel, et c'est la
Cour d'appel seule qui statue sur la convenance de l'adoption. Il faut enfin mentionner que la question de savoir si
on peut adopter un enfant naturel reconnu est tranchée dans
le sens de la négative par l'art. 205, aux termes duquel :
« *Les enfants nés hors mariage ne peuvent être adoptés par
leurs auteurs.* »

V. Après avoir réglementé l'adoption, le Code italien

s'est occupé de la *puissance paternelle*. Cet important sujet préoccupe depuis quelques années les publicistes, et il n'est pas rare d'entendre dire que, de nos jours, l'autorité du père de famille n'est pas suffisamment protégée, et on en rend responsables les lois de la Révolution, qui auraient fâcheusement influé sur la rédaction du Code Napoléon. Il y a ici une équivoque qu'il importe de faire disparaître. Tout le monde connaît les caractères principaux de l'antique *patria potestas* des Romains. Ce qu'il y avait d'exorbitant dans la constitution de cette extraordinaire puissance, ce n'est pas tant le droit de vie et de mort accordé au chef sur la personne de ses subordonnés, que la suppression radicale dans la famille de toute individualité juridique autre que celle du père. Le fils ne pouvait rien avoir, rien posséder; dans les rapports juridiques, il était à peu près comme n'existant pas; il était complètement absorbé par la personnalité du père.

Il est vrai que cette *patria potestas* fut adoucie par l'institution des pécules et quelques Constitutions des empereurs chrétiens; mais, au point de vue des intérêts matériels, elle conserva toujours son caractère primitif, et c'est avec ce caractère qu'elle régna sans interruption dans les pays de droit écrit, où, jusqu'à la Révolution, les enfants ne jouissaient à aucun âge du droit de disposer librement de leurs biens à titre gratuit, et étaient plus ou moins gênés dans tous les autres actes de la vie civile.

Les pays de coutumes, au contraire, avaient respecté

l'indépendance juridique des fils de famille, et le droit canonique, d'accord avec les coutumes, n'avait jamais voulu
admettre les exagérations de la loi romaine.

Ce sont ces exagérations, dont l'ensemble formait cette
chose odieuse qu'il était convenu d'appeler : *la puissance
paternelle*, que les lois de la Révolution eurent pour but de
faire disparaître. C'est pour appliquer à toute la France les
principes en vigueur depuis des siècles dans la plupart
des coutumes, que le décret du 28 mars 1792 abolit en
faveur des majeurs *la puissance paternelle*, désormais
restreinte sur la personne des mineurs, et que le décret du
20 septembre suivant fixa la majorité des Français à
21 ans.

Ces décrets, en faisant cesser, à partir de 21 ans, tout rapport officiel de dépendance entre les enfants et leurs père
et mère, dépassaient certainement le but ; mais le Code
Napoléon est venu plus tard concilier heureusement l'indépendance juridique des enfants avec la déférence qu'ils
doivent montrer dans tous les actes de la vie pour la volonté
de leurs auteurs. Aussi les améliorations dont le Code
Napoléon serait susceptible à cet égard se réduisent pour
nous à bien peu de chose, et il nous semble qu'elles ont
été réalisées dans le Code italien.

La loi italienne ne reconnaît pas, en effet, les distinctions
embarrassantes consacrées par notre législation entre l'emprisonnement *par voie d'autorité*, et l'emprisonnement *par
voie de réquisition* ; entre l'hypothèse où l'enfant a des biens

personnels et celle où il n'en a pas. Dans tous les cas, et quel que soit l'âge de son enfant mineur non émancipé, le père, en vertu de l'autorisation du président, peut placer son fils, pour tout le temps qu'il voudra, dans telle maison d'éducation ou de correction qui lui paraîtra la plus convenable pour obtenir son amendement. Dans tous les cas, l'ordonnance rendue par le président du tribunal peut être déférée au président de la Cour (art. 221 et suiv.)

VI. Dans le même titre, le Code italien organise, avec un soin extrême, l'administration légale appartenant au père quant aux biens personnels de ses enfants. On sait que sur ce point notre Code Napoléon présente une lacune regrettable que la jurisprudence et la doctrine ont eue à combler. La loi italienne prévoit toutes les difficultés qui peuvent se produire à l'occasion de cette administration, et les tranche avec un grand sens pratique ; mais si elle entre à ce sujet dans d'aussi nombreux détails, c'est que *l'administration légale* présente en Italie une importance toute particulière.

Chez nous, c'est seulement pendant la durée du mariage que le père est déclaré administrateur légal des biens personnels de ses enfants mineurs (art. 389 C. N.). La mort de l'un des deux époux met tout de suite fin à cette administration et donne immédiatement ouverture à la tutelle légale au profit du survivant. En Italie, il n'en est pas ainsi : le décès de l'un des conjoints a pour unique résultat de faire passer ou de laisser au survivant la puissance paternelle et en même temps l'administration légale ; mais la tutelle ne s'ouvre pas. La tutelle légale des père et mère est inconnue en Italie, excepté à l'égard des enfants naturels (art. 184) ; en dehors de cette hypothèse, le père ou la mère, toujours investis de la puissance paternelle, demeurent administrateurs de la personne et des biens de leurs enfants mineurs, et, par conséquent, il n'est pas question, à leur égard, de subrogé-tuteur ni d'hypothèque légale. En cas d'opposition d'intérêts entre le père et le fils mineur, un curateur est donné par la justice à ce dernier (art. 324 §§ 3 et 4). De plus, le père ne peut recevoir un capital ni vendre des effets mobiliers sujets à dépérissement qu'en vertu de l'autorisation du préteur (le juge de paix), et à la charge d'en faire un emploi dont la bonté doit être vérifiée par ce magistrat lui-même (art. 225).

Telles sont les seules garanties accordées aux mineurs vis-à-vis de leurs père et mère administrateurs de leur fortune ; sont-elles suffisantes, ne le sont-elles pas ? Il serait difficile de trancher la question d'une manière absolue.... En France, on serait sans doute porté par l'effet de l'habitude, mais surtout à cause de la conduite d'un trop grand nombre de pères de famille, à considérer ces garanties comme bien faibles. Il paraît qu'en Italie les faits n'ont pas encore démontré la nécessité d'une hypothèque légale sur les biens des père et mère dans l'intérêt de leurs enfants mineurs. Quoi qu'il en soit, le système italien présente, au point de vue économique, ce grand avantage de rendre moins fréquents les cas d'hypothèque occulte, et, de plus, il honore bien mieux le caractère du père de famille que le système plus méfiant de notre Code.

C'est, en effet, dans le but unique de rehausser l'autorité paternelle que le système des *pères tuteurs* a été repoussé. Ce système était consacré par le projet du Code, mais il fut violemment attaqué. Il n'est pas possible, disait M. Buniva (¹), de faire dépendre l'autorité paternelle du maintien du mariage, d'admettre que, par la mort de la femme, le père soit déchu du rôle de chef de la famille, réduit à la condition d'un tuteur ordinaire, soumis comme tel à fournir des garanties qu'on ne devrait pas exiger de lui. Une pareille situation ne peut que nuire aux intérêts moraux de la famille..... » Ces considérations ont fini par l'emporter; l'institution des pères tuteurs, considérée comme une importation française et reproduite par les projets Cassinis et Miglietti, a été repoussée, et les père et mère ont été maintenus purement et simplement dans l'exercice de la puissance paternelle inhérente à leur caractère.

M. de Stefani-Nicolosi aurait voulu qu'on allât plus loin encore. Il trouve outrageant pour l'autorité paternelle qu'un enfant puisse poursuivre contre ses père et mère une voie quelconque d'exécution, ou même intenter une action. En conséquence, il demandait l'insertion dans le Code d'un article ainsi conçu :

(¹) P. 141, 143.

« Le fils ne peut aucunement suivre une voie d'exécution, quelle qu'elle soit, contre son père ou sa mère, sans
avoir, au préalable, essayé avec eux une conciliation devant
le président du tribunal dans la forme prescrite pour les
demandes en séparation de corps. En cas de non-concilia-
tion, le président aura la faculté d'accorder ou de refuser
l'action, selon les cas (1). »

Ainsi donc, pendant que d'un côté les uns proposent
de rétablir le droit d'exhérédation sous le nom menteur de
liberté de tester, les autres trouvent odieuses les garanties
qui empêchent le père de famille de spolier ou de ruiner
ses enfants, et vont même jusqu'à demander que toute
action soit refusée à ces derniers contre les auteurs de
leurs jours !.....

Ne dirait-on pas vraiment que nous vivons dans un siècle
où les pères de famille donnent l'exemple de toutes les
vertus, et où les enfants sont des monstres qu'il faut mettre
hors la loi civile !.....

Personne, sans doute, ne songera à contester l'excel-
lence du point de vue auquel se sont placés MM. Buniva,
de Stefani et tant d'autres ; mais, sous prétexte que ce point
de vue est légitime, il ne faudrait pas rétrograder jusqu'à
l'enfance du droit de Rome... Sans doute, il est fâcheux de
voir grever d'une hypothèque légale les biens du père de
famille, mais il est bien plus fâcheux de voir tous les jours,

(1) P. 155.

malgré les précautions de la loi, des familles entières ruinées et déshonorées par leur chef. Si les pères de famille étaient toujours ce qu'ils doivent être, on n'aurait pas besoin de prendre des garanties contr'eux, et, ce qui est bien plus important, leur autorité serait toujours aimée et respectée par des enfants formés à leur exemple. Mais c'est précisément le contraire que nous voyons. Les atteintes les plus graves contre la sainteté de la famille et la dignité paternelle viennent le plus souvent de la conduite scandaleuse de pères de famille indignes de ce nom. Aussi, sur ce point comme sur bien d'autres, nous rattachons-nous avec énergie à la doctrine adoptée par le Code Napoléon.

VII. Des explications que nous venons de donner, il suit que la tutelle ne s'ouvre en Italie que lorsque les père et mère sont l'un et l'autre décédés, ou tous deux déclarés absents, ou déchus tous deux de la puissance paternelle par l'effet d'une condamnation pénale (art. 241). Mais la tutelle est d'ailleurs organisée comme en France, si ce n'est que le conseil de famille est composé de quatre parents au lieu de six (art. 250), et que le mineur, quand il a seize ans accomplis, a le droit d'assister aux délibérations du conseil avec voix consultative (art. 251).

L'interdiction a aussi pour effet de donner ouverture à la tutelle. Nous n'avons à signaler sur ce point que les dispositions suivantes qui ont pour but de terminer plusieurs controverses :

Non-seulement le majeur, mais encore le mineur émancipé peuvent être interdits (art. 324). Le mineur non émancipé peut aussi être interdit, mais seulement pendant la
dernière année de sa minorité (art. 325). Le conjoint de la
personne interdite, majeur et non légalement séparé
d'avec elle, devient son tuteur légal; à défaut de conjoint,
la tutelle légale passe au père; à défaut du père, à la mère;
et enfin, en dernier lieu, il faut recourir à la tutelle dative
(art. 330).

VIII. Voilà pour ce qui regarde ceux qui sont complètement privés de leur raison; quant aux faibles d'esprit, dont
l'état n'est pas assez grave pour motiver l'interdiction proprement dite, ils sont, de même que les prodigues, frappés
d'une incapacité limitée aux actes les plus importants (ina-
bilitazione), auxquels ils ne peuvent procéder qu'avec l'assistance d'un curateur qui n'est autre que le conseil judiciaire du droit français. Une disposition spéciale déclare
que le sourd-muet et l'aveugle de naissance sont, de plein
droit à leur majorité, atteints par cette incapacité (inabi-
litati) qui persiste tant qu'une décision judiciaire ne les a
pas déclarés tout-à-fait capables (abili) (art. 340).

Ce n'est pas sans difficulté que le système du Code Napoléon, en ce qui touche la situation à faire au prodigue, a
été admis en Italie. On connaît les opinions diverses qui
ont été produites à cet égard. Les uns voudraient que le
prodigue fût tout-à-fait interdit et soumis au régime de la

tutelle ; les autres pensent, au contraire, qu'agir ainsi, ce
serait porter atteinte au droit de propriété, qu'on peut défi-
nir : le droit d'user et d'abuser de sa chose. Les rédacteurs
du Code civil adoptèrent un terme moyen, la nomination
d'un conseil judiciaire, et le Code italien a suivi la même
voie. Mais plusieurs jurisconsultes, et notamment M. Buniva,
ont énergiquement insisté pour que les prodigues fussent
purement et simplement interdits.

« Il n'est pas vrai, disait M. Buniva (¹), qu'en interdi-
sant au prodigue les actes qui dépassent les bornes de la
simple administration, on sauvegarde suffisamment les
intérêts de la famille, car tout le monde sait dans quelle
position embarrassée peut se trouver plongé un prodigue
uniquement par l'effet d'actes de simple administration. Le
prodigue ayant l'administration de ses biens et la jouissance
de ses revenus, vendra son mobilier, laissera dépérir ses
immeubles faute d'entretien ou de culture, et aggravera les
charges de son administration de mille manières. La raison
exige donc que même la simple administration soit enlevée
au prodigue. »

Toutes ces divergences d'opinion nous paraissent pro-
venir de ce que la question n'a pas été nettement posée,
et il nous sera permis d'indiquer à cet égard nos vues
personnelles.

D'abord, dans l'intérêt de qui veut-on restreindre la

_____

(¹) *Loc. cit.*, p. 165, 166.

capacité du prodigue ? Est-ce uniquement dans son intérêt personnel comme lorsqu'il s'agit de l'insensé ? Evidemment non : tous les auteurs mettent de plus en avant l'intérêt de la famille. A Rome, où le prodigue était interdit, la formule de l'interdiction était remarquable : *Quando tibi bona paterna avitaque nequitia tua disperdis,* LIBEROSQUE TUOS AD EGESTATEM PERDUCIS, *ob eam rem tibi ea re commercioque interdico* (¹). C'est donc la considération de la famille du prodigue qui était surtout déterminante ; aussi n'hésitons-nous pas à émettre l'opinion qu'on ne devrait prendre des mesures qu'à l'égard du prodigue ayant des héritiers réservataires ou son conjoint vivant.

Quant au prodigue qui serait veuf ou non marié et qui n'aurait pas d'héritiers réservataires, je ne vois pas de raison suffisante pour l'empêcher de se ruiner, si cela lui convient. L'intérêt des collatéraux ne saurait être ici invoqué. Car la prodigalité de leur parent ne saurait en aucune façon leur porter préjudice. Tout au plus pourrait-on faire une exception au profit des frères et sœurs. Dira-t-on qu'alors il faudra agir dans l'intérêt du prodigue et le protéger contre lui-même ? Nous répondrons que ce serait obéir à une tendance dangereuse, et que peu à peu, sous prétexte de protection, et en alléguant l'intérêt public, on verrait l'Etat, tuteur ou curateur des citoyens, se substituer aux droits individuels tantôt sous un prétexte et tantôt sous un autre. Il est bon d'ailleurs que chacun s'habitue à porter

(¹) PAULUS, *Recept. sent.*, lib. III, tit. IV, § 7.

la responsabilité de ses actes et à subir toutes leurs conséquences.

Nous n'admettrions donc une restriction de la capacité
civile qu'à l'égard des prodigues ayant des héritiers réservataires ou un conjoint actuellement vivant, ou enfin des
frères ou sœurs, et dans ce cas il ne nous paraîtrait pas
nécessaire de prononcer leur interdiction absolue, mais
seulement de leur nommer un conseil judiciaire pour les
actes les plus importants. C'est en vain qu'on allèguerait
les inconvénients d'une mauvaise administration, car on ne
sait vraiment où l'on s'arrêterait si l'on voulait prendre des
mesures contre tous ceux qui administrent mal leur patrimoine ; autant vaudrait expliquer tout de suite la théorie
de l'Etat propriétaire et administrateur unique de toutes
les fortunes ([1]).

IX. Mentionnons, en terminant ce qui concerne les tutelles,
une importante innovation inaugurée par le Code italien. Il
s'agit d'un système de publicité organisé au moyen de
registres tenus dans chaque préture ou justice de paix.

« Dans chaque préture, dit l'art. 343, il sera tenu un
registre des tutelles des mineurs ou interdits, et un autre
registre des curatelles. Ces registres devront contenir tous
les renseignements relatifs à la personne du pupille, aux

([1]) M. Batbie (*Correspondant*, *loc. cit.*, p. 96) est encore plus radical ; et
prenant surtout en considération l'intérêt des tiers *qui sont exposés à l'erreur sur
la capacité du prodigue*, il propose la suppression pure et simple du conseil
judiciaire pour cause de prodigalité ; — nous ne serions pas éloignés d'adopter
aussi ce sentiment, mais l'intérêt de la vraie famille nous retient.

causes d'ouverture de la tutelle, à la personne du tuteur, du subrogé-tuteur et des membres du conseil de famille, à toutes les délibérations prises à ce conseil, aux états de situation présentés annuellement à ce conseil, etc. » Nous n'avons pas besoin de faire ressortir l'importance pratique d'une telle innovation, qui permettra aux tiers intéressés et à l'ex-pupille lui-même de suivre en quelque sorte pas à pas l'administration entière du tuteur.

X. Enfin, le premier livre du Code italien est terminé par le titre consacré aux actes de l'état civil. Cette matière présentait en Italie une importance toute particulière, car dans les trois quarts de la Péninsule, l'État, représentant la société civile, n'avait aucun droit sur les registres tenus dans les paroisses pour constater les actes les plus importants de la vie civile. Une commission, dont la vice-présidence était dévolue à M. le professeur Buniva, fut spécialement chargée d'adapter aux nouveaux besoins de l'Italie le système consacré par le Code français, *ce grand type des Codes modernes*, comme le rappelait à ce propos devant le Sénat M. le sénateur Vigliani.

Tel est, examiné dans ses parties les plus importantes, le premier livre du Code civil italien. On pourra trouver peut-être que les rédacteurs de cette œuvre remarquable n'ont pas assez souvent profité de l'occasion qui s'offrait d'elle-même pour trancher législativement un grand nombre de questions controversées. Mais, bien loin de leur

reprocher leur réserve, nous les louerons volontiers d'avoir
su résister à un entraînement de cette nature. Vouloir trancher toutes les questions controversées, c'est s'exposer à
noyer dans les détails les principes mêmes qu'il s'agit de
formuler, c'est vouloir empiéter sur le domaine de la doctrine et de la jurisprudence. Il est bon d'ailleurs de laisser
une certaine latitude aux tribunaux chargés d'appliquer la
loi. Le développement scientifique et pratique du droit ne
peut qu'y gagner, et la magistrature se trouve ainsi plus
directement associée aux bienfaits qu'une législation uni-
forme est destinée à répandre sur les peuples qui ont su la
conquérir.

DEUXIÈME PARTIE.

SECOND LIVRE DU CODE ITALIEN.

§ 1.

I. Des biens dans leur rapport avec ceux qui les possèdent; — Des biens vacants et sans maître ; — De la propriété littéraire, etc.

II. Du droit d'accession ; — Des alluvions et attérissements; — De la propriété du lit des cours d'eau.

III. De l'usufruit.

IV. De la vente d'un usufruit.

V. Des baux faits par l'usufruitier.

VI. Des améliorations faites par l'usufruitier.

VII. Des réparations faites à la chose grevée d'usufruit.

I. Le second livre du Code italien a pour rubrique : *Des biens, de la propriété et de ses modifications.* Le Code italien n'a pas voulu reproduire les distinctions encore admises dans plusieurs provinces entre les biens corporels et incorporels, et a préféré s'en tenir aux règles tracées par le Code Napoléon qui distribue toutes les choses dans la classe des meubles ou des immeubles.

Comme dans notre Code, un chapitre spécial est con-

sacré aux biens, *dans leur rapport avec ceux qui les possèdent.* Mais il nous semble que ce chapitre aurait pu être
supprimé en grande partie sans aucun inconvénient, car
la plupart de ses dispositions paraissent rédigées dans des
vues didactiques plutôt que dans des vues vraiment légis-
latives.

Ainsi, l'article 425 déclare que tous les biens appartiennent à l'Etat, aux provinces, aux communes, aux
établissements publics et autres personnes morales, et
enfin aux particuliers... Etait-il vraiment nécessaire de
rédiger pour cela une disposition spéciale? L'article suivant
nous apprend que les biens de l'Etat se divisent en domaine
public et domaine patrimonial. Nous lisons plus bas que
les provinces et les communes ont pareillement un domaine
public et un domaine privé... Il est certain, que toutes ces
déclarations, qui auraient pu être omises sans que la nature
des choses fût changée, sont parfaitement inutiles. Enfin,
nous rencontrons l'art. 435, dont la disposition inattendue
nous a quelques instants tenu perplexe. Cet article est
ainsi conçu : *Les autres biens dont il n'a pas été parlé dans
les articles précédents,* c'est-à-dire les biens qui n'appartiennent ni à l'Etat, ni aux communes, ni aux établissements
publics, *appartiennent aux particuliers...* Au premier abord,
cette observation, formulée en texte de loi, nous parut une
naïveté inadmissible, et nous voulûmes lui trouver un sens
utile. Nous remarquâmes alors que le Code italien n'avait
pas reproduit les dispositions de nos articles 539 et 743,

7

portant que tous les biens vacants et sans maître appartiennent à l'Etat, et que c'était précisément après avoir
énuméré les biens appartenant à l'Etat et aux autres personnes morales, que l'art. 435 déclarait que les *autres biens*
non mentionnés dans les articles précédents appartenaient aux
particuliers... Evidemment, cela ne voulait rien dire, ou
devait signifier que les biens vacants et sans maître,
quand même il s'agirait d'immeubles, appartenaient aux
particuliers, c'est-à-dire que le droit d'occupation individuelle en matière d'immeubles était rétabli purement et
simplement. La gravité d'une telle solution est manifeste,
surtout pour un pays comme l'Italie qui présente une si
grande quantité de terrains vagues. De quels désordres le
droit d'occupation n'aurait-il pas été la source! Aussi
n'avons-nous jamais douté un seul instant du sens pratique
des juristes italiens, et nous n'avons jamais pensé que l'intention des rédacteurs du Code eût été de reconnaître le
droit d'occupation en fait d'immeubles. Mais nous n'en avons
eu la preuve officielle que lorsque nous avons rencontré
beaucoup plus loin l'art. 714 ainsi formulé : Les choses qui
n'appartiennent à personne, mais qui sont susceptibles de
propriété privée, s'acquièrent par occupation ; tels sont
les animaux capturés à la chasse ou à la pêche, le trésor
et les choses mobilières abandonnées... Il est donc bien certain que ce n'est que pour les meubles que l'occupation
est admise dans le Code italien ; mais alors l'art. 435 n'a
plus de signification, car il est par trop clair que si tous

les biens sont distribués entre quatre classes de propriétaires, ceux qui n'appartiennent pas aux trois premières
classes doivent forcément appartenir à la quatrième.

Dans ses *dispositions générales* sur la propriété, le Code
italien a consacré le principe de la propriété littéraire qui
doit être réglementée par des lois spéciales (art. 437). Mais
ici encore nous rencontrons des dispositions qui étaient
véritablement inutiles; celles par exemple de l'art. 439 qui
nous déclare qu'en principe le propriétaire a le droit de
revendiquer sa chose entre les mains de tout tiers détenteur,
et que le tiers détenteur qui, par son fait, a, depuis la
demande, perdu la possession de la chose, est tenu de la
recouvrer à ses frais pour la restituer au demandeur ou
d'indemniser ce dernier.

II. Les rédacteurs du Code italien ont tenu, paraît-il, à
ne pas s'écarter de leur modèle en ce qui concerne la
détermination du droit de propriété; ils ont, en conséquence, reproduit les deux rubriques du Code Napoléon
concernant *le droit d'accession sur ce qui est produit par la
chose*, et le *droit d'accession sur ce qui s'unit et s'incorpore à
la chose*. Nous aurions préféré une conception plus scientifique. C'est avec raison que l'on peut critiquer la théorie
du Code Napoléon sur l'accession, et nous aurions été
heureux de voir les jurisconsultes italiens chercher à substituer une doctrine rationnelle aux dispositions quelquefois
incohérentes du Code français.

Nous n'aurons à insister que sur la manière dont la théorie des alluvions et attérissements a été envisagée.

On sait que, suivant la plupart des Codes modernes, les cours d'eau ainsi que leur lit appartiennent à l'Etat, et cela sans difficulté, au moins pour les cours d'eau navigables et flottables. Cependant les alluvions profitent, dans tous les cas, aux riverains, sauf, quand il s'agit des cours d'eau navigables et flottables, à laisser le marche-pied ou chemin de halage (art. 556 C. Nap.). Dans ce système, on décide que les attérissements qui se forment dans les cours d'eau navigables et flottables appartiennent à l'Etat (art. 560 Code Nap.); et qu'enfin, si un fleuve ou une rivière navigable, flottable ou non, se forme un nouveau cours en abandonnant son ancien lit, les propriétaires des fonds nouvellement occupés prennent, à titre d'indemnité, l'ancien lit abandonné, chacun dans la proportion du terrain qui lui a été enlevé (art. 564 C. Nap.).

Le Code civil italien a fini par adopter à peu près les mêmes principes, avec quelques importantes modifications dans leur application. Mais ce n'est pas sans difficulté que ces idées ont prévalu, et de graves discussions se sont produites à ce sujet.

En effet, d'après le projet de Code soumis à la commission sénatoriale, l'eau courante seule était attribuée au domaine public; quant au lit des cours d'eau en général, il était attribué aux propriétaires riverains, à partir du jour où le nouveau Code serait en vigueur. En conséquence, la ligne médiane, supposée tracée dans le sens de la longueur du fleuve, devenait en même temps la ligne divisoire entre les propriétés riveraines situées à droite et à gauche du fleuve. La portion attribuée à chaque propriétaire était déterminée par des perpendiculaires tirées de la ligne médiane aux points extrêmes du rivage. Si maintenant un cours d'eau venait à abandonner son lit actuel pour en occuper un nouveau, le lit abandonné et mis à découvert devenait libre au profit des riverains auxquels il appartenait déjà ; quant au terrain nouvellement occupé par les eaux, il se trouvait, par le fait, grevé d'une servitude d'utilité publique. Enfin, les îles et attérissements quelconques se formant dans un cours d'eau, sans distinction entre les cours d'eau navigables et flottables et ceux qui ne le sont pas, étaient attribués aux riverains.

Tels étaient les principaux traits du nouveau système qui avait été adopté dans le projet. Ce système est évidemment plus logique que celui consacré par notre Code ; il se présente surtout avec une véritable concordance scientifique dans toutes ses parties. Cependant il a, en définitive, été repoussé, et les anciennes idées ont prévalu. Le rapport du sénateur Deforesta nous fait connaître les justes motifs qui ont fait admettre cette conclusion.

Une première observation à faire, c'est qu'un pareil système ne pouvait évidemment être appliqué aux cours

d'eau-frontières entre l'Italie et d'autres Etats qu'en vertu
de conventions diplomatiques, toujours difficiles à conclure,
surtout à l'époque actuelle.

En second lieu, le nouveau système ne vient-il pas se
heurter contre des impossibilités matérielles d'application?
Il faudrait, en effet, que les points de repère de la ligne
médiane fussent déterminés pour tous les fleuves, le jour
même où le nouveau Code deviendrait obligatoire, de manière que le tracé de cette ligne médiane fût conservé par
des signes apparents et fixes, nonobstant les capricieuses
variations du cours des eaux, capricieuses surtout quand
il s'agit de petites rivières. Or, il est impossible qu'un
pareil travail soit terminé pour tout le royaume, le jour où
le nouveau Code sera en vigueur. La ligne médiane devra
donc être déterminée avant ou après ce jour. Or, on voit
tout de suite quelles inextricables difficultés vont surgir, car
il n'est pas indifférent que cette détermination soit faite tel
jour ou tel autre, puisqu'à chaque instant le cours des
petites rivières change d'une manière sensible. Comment
concilier tous les intérêts, donner satisfaction à toutes les
prétentions? Que répondre aux réclamations des riverains
qui se plaindront des résultats de la délimitation, résultats
qui auraient pu être tout autres si la délimitation avait été
faite deux jours plus tôt ou deux jours plus tard? Enfin, à
tous ces inconvénients résultant du partage entre les riverains de la propriété du lit du fleuve, et de la conservation
permanente et immuable de la ligne médiane tracée à une

époque déterminée, il faut ajouter les embarras que le
nouveau système pourrait apporter à la navigation, sans
compter qu'au point de vue économique ce système serait
encore déplorable, puisqu'il pourrait avoir souvent pour
effet d'augmenter la quantité des terres improductives.
Voici, en effet, l'intéressante remarque d'un des membres
de la commission :

« Supposons, disait-il, qu'entre deux points donnés on
envisage le cours d'un fleuve, du Pô, par exemple, dans
un endroit où il a une largeur normale de 200 mètres.
La ligne médiane a été soigneusement déterminée. Voici ce
qui pourra arriver sous l'empire du nouveau système : Si
le fleuve abandonne peu à peu l'une de ses rives, la rive
droite, par exemple, pour envahir peu à peu la rive gauche,
mais en conservant toujours sa largeur de 200 mètres, il
arrivera un moment où un peu plus de la moitié du lit se
trouvera à découvert. Les riverains de droite ne pourront
prof.... de cette alluvion, que jusqu'à la ligne médiane,
qui demeure toujours fixe malgré la retraite des eaux ;
or, de l'autre côté de cette ligne médiane, il y aura un
étroit lambeau de terrain appartenant aux riverains de
gauche. Mais comment ces riverains de gauche, obligés
de traverser un fleuve de 200 mètres pour aborder à cet
étroit et long ruban de terrain, pourront-ils utiliser leur
droit de propriété, vu surtout la forme bizarre de la portion d'alluvion qui leur revient ? Evidemment ils l'abandon-
neront et la laisseront sans culture ; alors ne vaut-il

pas mieux abandonner l'alluvion entière au riverain de droite, qui a toute facilité pour la cultiver et mettre en valeur..... »

Tels sont les principaux motifs qni firent repousser par la commission du Sénat italien le nouveau système organisé par le projet soumis à son examen. Le rapporteur, M. Deforesta, rappela à ce sujet qu'en 1808, lorsqu'il fut question en France de la rédaction d'un Code rural, il fut question d'adopter un système analogue. Les Cours d'appel, alors au nombre de trente-deux, furent consultées ; quatorze, parmi lesquelles celle de Turin, émirent un avis favorable; deux, dont l'une était la Cour de Gênes, déclarèrent que la proposition semblait juste et conforme aux principes théoriques, mais qu'elle était d'une application trop difficile. Enfin, les seize autres, parmi lesquelles la Cour de Rome, se prononcèrent radicalement pour la négative. Le gouvernement, après mûre réflexion, adopta ce dernier sentiment, et la proposition n'eut pas de suite. Or, il importe de remarquer que cette proposition était uniquement restreinte aux lits des grands fleuves navigables ou flottables, car pour les petites rivières, la commission pour le Code rural avait reconnu elle-même que le projet était impraticable à cause des changements incessants que présente leur cours irrégulier et capricieux.

En 1830, le président Chardon proposa encore le même système dans son *Traité de l'alluvion*, et le soutint avec une grande énergie. Il alla même jusqu'à conseiller aux propriétaires riverains de l'une et de l'autre rive d'adopter entre eux ce système et de le régler amiablement par des conventions privées, sur la validité desquelles il n'élevait aucun doute. Mais ni le gouvernement, ni les propriétaires riverains n'ont voulu suivre les conseils de M. Chardon, et l'Italie a bien fait de ne pas s'y arrêter. En conséquence, le Code italien, dans sa rédaction définitive, en est revenu au système du Code français. Seulement il a repoussé, et avec raison selon nous, la disposition de notre article 563 qui, dans le cas où un cours d'eau navigable, flottable ou non, se forme un nouveau cours en abandonnant son lit, attribue à titre d'indemnité aux propriétaires des fonds, nouvellement occupés, l'ancien lit abandonné.

Cette disposition, peu justifiable et contraire aux lois romaines, a été introduite en France par la jurisprudence du Parlement de Toulouse, qui s'était prononcé en faveur des propriétaires des terrains nouvellement occupés, par des considérations d'équité mal entendue. Il n'y a, en effet, aucun motif pour les indemniser du préjudice qu'ils souffrent, car ce préjudice provient d'un cas fortuit. Or, tant pis pour ceux qui sont atteints par un cas fortuit. De plus, il est souverainement injuste de les indemniser aux dépens des riverains de l'ancien lit qui, pendant si longtemps, ont supporté l'action destructive des eaux, et souffert les servitudes qui dérivent de leur voisinage. C'est donc avec raison que l'art. 461 du Code italien attribue aux propriétaires riverains le lit abandonné.

Nous nous sommes quelque peu étendu sur cette question des alluvions et attérissements, d'abord à cause de son importance intrinsèque, mais aussi pour montrer avec quel soin a été rédigé le nouveau Code italien ; même lorsqu'il paraît reproduire purement et simplement les dispositions dont il a trouvé la formule dans le nôtre, ce n'est qu'après un examen approfondi, et de savantes discussions au sein des commissions nombreuses qui se sont succédé, qu'une telle disposition est adoptée ; aussi le Code italien mérite d'être étudié autant pour les emprunts qu'il a judicieusement faits au Code Napoléon, que pour les innovations qu'il contient.

III. Voyons maintenant comment a été réglementée la matière de l'usufruit.

La définition que la loi italienne donne de l'usufruit, est à peu près la même que celle adoptée par la loi française, sauf qu'elle est plus précise en ce qui concerne la substance :

« L'usufruit, dit l'art. 477, est le droit de jouir d'une chose dont un autre a la propriété, de la même manière que le propriétaire, mais à la charge d'en conserver la substance tant dans la matière que dans la forme. »

Cette définition pèche, surtout, parce qu'elle ne nous fait pas voir que le *droit de jouir*, dont il s'agit, a été constitué à titre de droit réel. Cette omission provient de ce que les termes employés n'ont pas une suffisante précision scientifique. En latin, la propriété étant définie : *jus utendi, fruendi, abutendi,* il en résultait que ces trois mots avaient un sens technique nettement déterminé, et désignaient nécessairement, chacun, un démembrement de la propriété, c'est-à-dire un *droit réel.* Or, l'expression française *droit de jouir,* ainsi que l'expression italienne *diritto di godere,* qui sont la traduction littérale des mots *jus utendi, fruendi,* n'en sont pas la traduction technique, car elles ne contiennent en aucune façon l'idée de droit réel, qui est cependant l'essence même de l'usufruit. Cette remarque est importante, car tous ceux qui ont le *droit de jouir* de la chose d'autrui ne sont pas investis d'un droit réel d'usufruit ; ainsi le locataire qui, d'après l'art. 1709 du C. Nap., a le *droit de jouir,* n'est investi que d'un droit de créance. De même les père et mère qui ont la jouissance des biens de leurs enfants mineurs de 18 ans (art. 384 C. Nap.) ne sont pas investis d'un véritable usufruit, *jus utendi, fruendi ;* et s'il est arrivé au législateur de qualifier d'*usufruit légal* ce droit de jouissance (Voy. art. 601 C. Nap.), cela vient précisément de la confusion que devait amener le vague des expressions.

IV. Les rédacteurs du Code italien n'ont pas tout-à-fait suivi les dispositions de notre Code en ce qui concerne la délimitation des droits de l'usufruitier.

Nous remarquons d'abord que l'article 492 du Code italien permet à l'usufruitier de vendre ou céder seulement *l'exercice de son droit*, tandis que notre article 595 lui permet de vendre ou céder *son droit* lui-même..... Il est vrai que quelques auteurs ont soutenu que, malgré les termes de notre article 595, il fallait décider, en droit français, que l'usufruitier ne pourrait céder que l'exercice de son droit... Mais on sait combien est faux le point de départ de cette opinion, aujourd'hui à peu près abandonnée. Comme l'*alea*, ou chance d'extinction de l'usufruit, porte sur la tête de l'usufruitier, on craignait que cette *alea* fût transportée sur la tête de l'acquéreur, si l'usufruitier était autorisé à vendre *son droit*, et c'est pour empêcher ce résultat de se produire qu'on déclarait seulement possible la vente *de l'exercice* du droit. Or, qui ne voit tout de suite la naïveté d'une telle appréhension? On ne peut assurément transmettre que les droits dont on est investi; donc, celui qui est investi d'un droit dont les chances d'extinction reposent sur sa tête, ne peut évidemment transférer à autrui que ce droit soumis aux mêmes chances d'extinction, et l'acquéreur ne peut obtenir ce droit que soumis aux mêmes chances d'extinction qui continuent toujours de porter sur la tête de l'aliénateur.....

Pourquoi donc les rédacteurs du Code italien, qui n'ignoraient certes pas l'état de la question, ont-ils préféré décider que l'usufruitier ne pourra aliéner que l'exercice de son droit? Cette solution est non-seulement difficile à justifier au point de vue doctrinal, mais, de plus, elle est regrettable au point de vue économique. Il en résulte, en effet,

que le cessionnaire de l'exercice d'un droit d'usufruit établi
sur un immeuble, n'étant investi que d'un droit de créance
vis-à-vis de son cédant, et pas du tout d'un droit réel, ne
pourra pas, au besoin, l'hypothéquer..... Ainsi donc, supposons que l'usufruitier d'un domaine produisant 50,000 fr.
de revenu veuille hypothéquer son droit d'usufruit, il le
pourra sans difficulté ; mais s'il vend à un tiers l'exercice
de ce droit, l'acquéreur, malgré l'importance de cet
usufruit, ne pourrait pas contracter le plus petit emprunt
hypothécaire..... Bien plus, l'usufruitier n'ayant pu vendre
et n'ayant vendu que l'exercice de son droit, a nécessairement retenu ce droit lui-même ; il pourra donc le grever
d'une hypothèque qui sera opposable à l'acquéreur, et qui
pourra avoir pour effet de dépouiller ce dernier *de l'exercice*
illusoire qui lui aura été transmis. Il est difficile d'imaginer
deux conséquences plus nuisibles au crédit.

V. Le Code italien a admis, comme le Code français,
que l'usufruitier devait pouvoir donner à bail la chose grevée d'usufruit, et qu'à la cessation de l'usufruit ce bail pouvait être opposé, dans une certaine mesure, au propriétaire. Mais ce n'est pas sans difficulté que ce principe a été
admis dans le Code italien, et l'importance pratique de la
question exige que nous en fassions un examen particulier.

Les articles 595 et 1429 du Code Napoléon donnent à
l'usufruitier le droit de consentir des baux qui, s'ils excèdent neuf années, ne seront à la cessation de l'usufruit

obligatoires, à l'égard du propriétaire, que pour le temps restant à courir de la première période de neuf ans, ou de la seconde, et ainsi de suite.

Le Code est évidemment parti de cette idée que les baux qui n'excèdent pas neuf années sont des actes de pure administration, et que l'usufruitier, ayant incontestablement le droit d'administrer l'immeuble objet de l'usufruit, doit pouvoir consentir des baux opposables au propriétaire dans la limite des actes de pure administration.

Il est manifeste qu'une telle raison ne saurait avoir la moindre valeur juridique. Cette décision que les baux n'excédant pas neuf ans ne constituent que des actes d'administration est arbitraire, et ne résulte que de la volonté pure de la loi. Sans doute, il est permis de concevoir qu'on ait pu l'appliquer aux baux des biens du pupille consentis par le tuteur et aux baux des biens personnels de la femme commune consentis par le mari seul. Mais ces solutions sont légitimées par des principes tout-à-fait étrangers à la matière de l'usufruit. Ainsi le tuteur, administrateur des biens du pupille, est le mandataire légal de ce dernier, son véritable représentant; on peut en dire autant du mari, à qui l'art. 1428 § 1, confie l'administration de tous les biens personnels de la femme; il est donc tout naturel, en vertu du principe que les actes posés par le représentant dans la limite de son mandat sont opposables au représenté, de décider, comme l'ont fait les art. 1429 et 1718, que les baux consentis par les tuteurs et maris seraient opposables aux ex-pupilles et aux femmes dans la limite des actes de pure administration. Mais ce point de vue doit demeurer tout-à-fait étranger aux rapports de l'usufruitier avec le propriétaire. L'usufruitier ne représente pas le moins du monde le propriétaire; il n'a pas du tout été constitué l'administrateur des biens de ce dernier; il est faux de dire que sa qualité d'usufruitier lui donne le pouvoir d'administrer la chose du propriétaire. Il se trouve directement et personnellement investi d'un droit réel démembré du droit de propriété; c'est ce droit réel, qu'il exerce en jouissant de la chose, qu'il en jouisse par lui-même ou par le fait d'un fermier. Par conséquent, puisqu'il ne représente pas le propriétaire, le bail qu'il a consenti, pour si court qu'on le suppose, ne saurait en aucune façon lier ce dernier, et devrait tomber par tout événement de nature à mettre fin à l'usufruit. C'est là précisément ce qu'avait décidé le droit romain (¹), dont notre ancienne jurisprudence avait suivi la doctrine.

Le Code Napoléon a cru devoir s'en écarter. Quels peuvent être les graves motifs d'une aussi flagrante dérogation aux principes les plus clairs du droit? « L'ancienne législation, dit M. Demolombe, était certainement très-contraire à tous les intérêts : aux intérêts de l'usufruitier d'abord, qui, ne pouvant pas offrir une jouissance assurée au preneur pour toute la durée du bail, ne

(¹) L. 9, § 1. D. *Locati conducti.*

trouvait à louer qu'à des conditions désavantageuses ; aux intérêts du preneur, exposé chaque jour à déguerpir, et qui ne pouvait se livrer à aucune pensée d'avenir, à aucune amélioration ; à l'intérêt enfin de la société tout entière, dans laquelle le contrat de bail joue un si grand rôle, et qui ressent toujours profondément le contre-coup de toutes les entraves qui arrêtent le développement de l'agriculture et de l'industrie, ou qui gênent les relations les plus nécessaires des citoyens les uns envers les autres (1). »

Nous ferons d'abord remarquer qu'avec une pareille doctrine on arriverait forcément à reconnaître à tous ceux qui n'ont sur une chose qu'un droit résoluble ou temporaire la faculté de concéder à des tiers, au préjudice des propriétaires, des avantages qui survivraient à la résolution ou à l'extinction du droit principal, c'est-à-dire que le principe même de la propriété serait bientôt altéré dans son essence, et les notions juridiques les plus sûres tout-à-fait bouleversées. De plus, on parle beaucoup de l'*intérêt* de l'usufruitier, de l'*intérêt* du preneur ; on invoque même l'*intérêt* de la société !.,. Mais quant au DROIT du propriétaire, il n'en est pas question, on n'a même pas l'air d'y songer. Et cependant c'est de sa chose qu'il s'agit, de sa chose dont on veut lui enlever encore la libre disposition par l'effet d'un contrat qui lui est tout-à-fait étranger. Les raisons économiques invoquées dans la question en faveur

(1) *De la distinction des biens : propriété, usufruit,* t. II, nº 650, p. 309.

de l'usufruitier et du preneur, peuvent, avec bien plus de
force, être invoquées par le propriétaire d'ailleurs fort de
son droit.

L'intérêt de l'agriculture et de l'industrie exige que tout
bail consenti par l'usufruitier cesse par suite de l'extinction
même de l'usufruit. Il importe, en effet, que le propriétaire
qui rentre en possession et jouissance de sa chose, puisse
tout de suite y faire les améliorations et réparations nécessaires, et la disposer en vue d'une destination plus
utile peut-être et plus productive que la destination première qu'avait dû respecter l'usufruitier; et on ne voit pas
pourquoi le *droit* de propriété serait obligé de capituler
devant l'*intérêt transitoire* d'un fermier. Si le fermier doit
l'emporter, quelle facilité pour la fraude ! L'usufruitier
pourra faire un bail à long terme moyennant une redevance
annuelle très-modique ; mais il se fera payer secrètement,
au moment du contrat, une forte somme en compensation
de la modicité de la ferme, de sorte que l'usufruit venant
à cesser, et le propriétaire étant encore obligé d'entretenir
le bail pour une période qui pourra être de près de neuf
années, ce sera le propriétaire qui supportera seul, en
définitive, pendant plus de huit ans, la vilité du prix du
fermage.....

Toutes ces considérations avaient frappé, et avec raison, la
commission sénatoriale ; aussi avait-elle amendé le projet
qui lui était soumis, et avait-elle proposé de décider que les
baux consentis par l'usufruitier ne pourraient être opposés

8

au propriétaire, et prendraient fin avec l'année dans laquelle se produirait la cessation de l'usufruit. Malheureusement cette opinion n'a pas été suivie, et le Code italien, comme nous l'avons dit, a consacré le système admis par le Code français, en se bornant à l'atténuer un peu.

L'article 493 du Code italien est en effet ainsi conçu :

« Les baux consentis par l'usufruitier pour un temps excédant cinq années, ne sont valables, en cas de cessation de l'usufruit, que pour la période quinquennale en train de courir au moment de cette cessation, en comptant la première période du jour où le bail a commencé, la seconde période du jour où la première a pris fin, et ainsi de suite... Si l'usufruit avait été constitué pour un temps déterminé, les baux consentis par l'usufruitier ne vaudront jamais que pour la dernière année ; néanmoins, s'il s'agit de fonds dont la principale récolte soit biennale ou triennale, le bail vaudra pour l'entière période biennale ou triennale pendant laquelle l'usufruit aura pris fin. »

Nous n'hésitons pas à déclarer que nous préférons la solution donnée par le droit romain. En s'en tenant énergiquement aux principes du droit, les jurisconsultes de Rome, sur ce point comme sur bien d'autres, se sont montrés meilleurs économistes que les théoriciens qui, en ne voyant qu'un côté de la question, ont, dans l'intérêt de l'agriculture qu'ils croyaient représentée par l'usufruitier et le fermier, sacrifié précisément l'agriculture elle-même, véritablement représentée par le propriétaire.

VI. La question des améliorations faites par l'usufruitier a été réglée par le Code italien selon les vrais principes. En droit français, et selon l'art. 599 § 2 : *l'usufruitier ne peut, à la cessation de l'usufruit, réclamer aucune indemnité pour les améliorations qu'il prétendrait avoir faites, encore que la valeur de la chose en fût augmentée.* L'art. 495 du Code italien reproduit exactement la même disposition, en ajoutant toutefois : *l'augmentation de valeur pourra cependant être compensée avec les détériorations ne résultant pas d'une faute grave imputable à l'usufruitier.*

Mais c'est, en droit français, une question encore fort débattue que celle de savoir si la loi, en refusant à l'usufruitier une indemnité quelconque pour les *améliorations* provenant de son chef, a entendu lui refuser aussi tout recours pour les *constructions* qu'il pourrait avoir élevées. Les uns pensent que l'expression *amélioration* entendue dans un sens large, doit s'étendre même aux constructions proprement dites ; les autres estiment, au contraire, que les constructions faites par l'usufruitier doivent être régies, non point par l'art. 599, mais par l'art. 555, et qu'en conséquence le propriétaire ne peut les conserver qu'à la condition de payer à l'usufruitier, assimilé à un possesseur de mauvaise foi, ce qu'elles lui ont coûté.

Le Code italien tranche législativement cette controverse au moyen d'une solution bien plus équitable que celles qui ont été proposées ; en effet, d'après l'article 495 § 3, *lorsqu'il n'y a pas lieu à compensation entre les améliorations d'une part et les détériorations de l'autre, l'usufruitier pourra enlever les additions par lui faites, pourvu qu'il en résulte pour lui quelque profit, sans aucun dommage pour le fonds ; sauf, dans ce cas, au propriétaire à les conserver, s'il le préfère, en remboursant à l'usufruitier une somme égale à celle que ce dernier pourrait en retirer s'il les détachait du fonds.* Cette solution nous paraît plus favorable au propriétaire, et en même temps plus équitable que celle qui consisterait à appliquer à l'espèce l'art. 555 du Code Napoléon.

VII. Le Code italien n'a pas été, ce nous semble, aussi bien inspiré lorsqu'il a traité des réparations à faire à la chose soumise à un droit d'usufruit. L'article 501 déclare que l'usufruitier est tenu des réparations d'entretien, dites réparations ordinaires, et non des grosses réparations ou réparations extraordinaires, si ce n'est quand elles ont été rendues nécessaires par un défaut d'entretien. Mais l'article 502 ajoute :

« *Dans tous les autres cas, l'usufruitier qui aura effectué les grosses réparations aura le droit de se faire rembourser, sans intérêt, la valeur des ouvrages faits, pourvu que leur utilité subsiste encore au moment de la cessation de l'usufruit.* »

Il résulte, de plus, de l'art. 502 que : « *si l'usufruitier ne veut pas avancer les sommes nécessaires pour les réparations extraordinaires, et si le propriétaire consent à les effectuer à ses rais, l'usufruitier devra bonifier le propriétaire de l'intérêt des sommes par lui déboursées, et ce, pendant toute la durée de l'usufruit.* »

Il suit de ces dispositions que les grosses réparations sont à la charge du ·nu-propriétaire, et de plus, qu'il est *tenu* de les faire; que seulement il est dispensé de faire les avances de la dépense, avances qui doivent toujours être faites par l'usufruitier. Mais si à la cessation de l'usufruit l'utilité des grosses réparations subsiste encore, il devra alors en payer la valeur.

Nous ne pouvons approuver une semblable solution. La question d'utilité ne nous paraît pas, en effet, susceptible d'être jugée par les tribunaux. De quelle utilité veut-on parler en effet? Est-ce de l'utilité *relative*, envisagée au point de vue du propriétaire, ou de l'utilité *absolue,* envisagée au point de vue unique de la conservation de l'immeuble? S'il s'agit de l'utilité relative, c'est le propriétaire qui est seul juge du genre et du degré d'utilité des réparations à faire. Il peut entrer dans ses vues de laisser tomber en ruine sa maison dont un autre a l'usufruit, parce qu'il se propose, quand l'usufruit aura pris fin, d'en changer complètement la destination, par exemple de construire à la place un établissement hydrothérapique, etc.; quand même les réparations effectuées pourraient être utilisées par lui, il n'a qu'à changer un peu son plan pour les rendre tout-à-fait inutiles; il est donc impossible d'envisager un genre d'utilité que son caractère relatif rend essentiellement insaisissable.

Veut-on parler de *l'utilité absolue?* Ce serait violer manifestement l'équité, puisqu'il faudrait décider que le propriétaire sera obligé de payer des réparations qui sont tout-à-fait inutiles pour lui, puisqu'il se propose de démolir sa maison.

Mais, pourrait-on peut-être objecter, le propriétaire ne sera tenu de payer les réparations extraordinaires que si, en fait, il en profite, s'il les utilise dans son intérêt propre... Alors nous répondrons que l'usufruitier a déjà été suffisamment indemnisé par le surcroît de revenu que ces grosses réparations ont pu lui procurer, ou encore par la continuation de l'usufruit qui, sans ces réparations, aurait peut-être pris fin plus tôt par la perte de la chose. D'ailleurs, le système consacré par le Code italien présente ce grave inconvénient de pousser l'usufruitier à faire inconsidérément de grosses réparations qui retomberont en définitive sur le propriétaire, pourvu qu'à la fin de l'usufruit elles présentent encore une utilité quelconque absolue ou relative. De sorte que le propriétaire se trouvera souvent engagé, par le fait de l'usufruitier, dans une voie qui peut-être n'est pas la meilleure, et que, dans tous les cas, il n'aurait pas voulu choisir.

§ 2.

I. Des servitudes en général.
II. Critique de la division des servitudes en servitudes légales et servitudes dérivant du fait de l'homme.

I. L'importante matière des servitudes a été coordonnée par le Code italien avec une incontestable supériorité pratique sur toutes les autres législations de l'Europe. Il n'y a pas lieu de s'en étonner, puisqu'il a fidèlement reproduit, en les améliorant encore, les principales dispositions du Code sarde ; or, on sait que, pour tout ce qui touche aux intérêts agricoles et industriels, au régime des eaux, etc., la loi sarde, rédigée d'après les vrais principes économiques, passait pour contenir la réglementation la plus savante, la plus complète et en même temps la mieux rédigée. Nous n'entrerons pas dans l'examen détaillé de toutes ces prescriptions diverses qui intéressent plus directement l'agriculture et l'industrie. Nous dirons seulement que nous avons été particulièrement frappés de la savante organisation du régime civil des eaux, soit qu'il s'agisse de régler les rapports établis par la situation des lieux entre les divers héritages, soit qu'il s'agisse de régler les effets et le mode d'exercice des servitudes proprement dites de prise d'eau,

aqueduc et autres analogues, établies par le fait de l'homme.
La matière des irrigations et du drainage qui, en France,
forme l'objet des lois des 29 avril 1845, 11 juillet 1847 et
10 juin 1854, n'a pas non plus été négligée ; et les diverses
questions de droit privé qui peuvent surgir à ce propos
ont été soigneusement prévues et décidées par le Code.
Aussi n'hésitons-nous pas à penser qu'au point de vue
purement pratique, l'ensemble des dispositions du Code
italien, comprises sous la rubrique générale : *Des servitudes
prédiales*, contient un *Code rural* complet donnant satisfaction, dans une juste mesure, aux besoins divers de
l'agriculture, et ayant réussi à concilier heureusement les
intérêts généraux avec les droits individuels.

II. Mais si nous examinons maintenant cette partie du
Code italien au point de vue purement scientifique, nous
regretterons que des dispositions aussi sages, aussi justes,
aussi savamment rédigées, aient été réunies dans un cadre
aussi défectueux. Les rédacteurs du Code italien ont, en
effet, reproduit presque complètement les *divisions* et les
rubriques du Code Napoléon.

Le Code Napoléon divise les servitudes en trois classes :
1° servitudes dérivant de la situation naturelle des lieux ;
2° servitudes établies par la loi ; 3° servitudes établies par
le fait de l'homme (art. 639, Cod. Nap.). On s'aperçoit tout
d'abord qu'il ne saurait exister aucune différence entre la

servitude dérivant de la situation des lieux, et les servitudes établies par la loi, puisque c'est en définitive la loi qui
fixe et détermine les servitudes dérivant de la situation des
lieux. Il est vrai que les rédacteurs du Code italien ont évité
cette confusion; ils n'ont créé que deux classes de servitudes : 1° les servitudes établies par la loi; 2° les servitudes
établies par le fait de l'homme; et ils ont fait rentrer dans
la première classe celles qui dérivent de la situation des
lieux. Mais pourquoi se sont-ils contentés de cette insuffi-
sante correction? N'auraient-ils pas mieux fait de rejeter
tout-à-fait une classification dont les bases sont radicalement fausses?.....

Est-il vrai de dire, en effet, qu'il y a des *servitudes*, de
véritables *servitudes* établies par la loi? Est-il exact de prétendre que les limitations apportées par la loi à la propriété constituent des *servitudes*, des *démembrements* de la
propriété?..... Evidemment non.

La propriété est *essentiellement* un droit limité par la loi
(art. 544 Cod. Nap., art. 436, Cod ital.). Il est manifeste
que les droits de chaque propriétaire étant égaux, tous les
droits individuels doivent, pour s'équilibrer entr'eux, se
limiter réciproquement. Le droit de chacun est forcément
limité par le droit égal et semblable du voisin; celui qui
ne voudrait être gêné par aucune limite, empiéterait positi-
vement sur le droit des autres. Par conséquent, la propriété ne peut être conçue, en tant qu'institution sociale,

que comme limitée par la loi. Or, les limitations légales de la propriété ne peuvent pas être considérées comme des *démembrements* de la propriété ; c'est la propriété entière qui, tout en étant limitée, demeure intacte et non démembrée. Par conséquent, les diverses limitations dont la propriété a été l'objet constituent le régime légal de la propriété, et pas du tout des servitudes ; et c'est se tromper que de les désigner par cette fausse appellation. Ainsi, par exemple, l'obligation pour le fonds inférieur de recevoir les eaux naturelles découlant des fonds supérieurs constitue-t-elle un démembrement de la propriété qui vienne diminuer le fonds servant pour augmenter le fonds dominant ? Nul n'oserait le soutenir. Ainsi encore, on ne peut avoir aucune vue sur l'héritage voisin, que s'il y a une certaine distance entre cet héritage et le mur où on veut établir l'ouverture... Est-ce là une servitude ? Evidemment non. C'est purement et simplement la réglementation de l'exercice du droit de propriété.

Si le législateur s'est aussi complètement trompé sur ce point, c'est qu'il a été influencé par l'idée chimérique d'un prétendu droit de nature d'après lequel chaque propriétaire aurait chez lui le droit de tout faire. La loi positive étant venue restreindre ce droit, l'a donc *démembré*, lui a imposé des servitudes... Mais qui n'aperçoit la fausseté de ce point de vue ? Qu'est-ce donc que ce prétendu droit naturel qui donnerait à chacun le droit de tout faire ? Ce serait, ni plus

ni moins, le régime de la violence brutale, la lutte anar-
chique des instincts les plus grossiers, en un mot, la négation du droit. Un droit n'existe que par le respect d'un
droit semblable chez son prochain ; les droits individuels
doivent donc se limiter réciproquement pour pouvoir
coexister, et les règles qui constituent des limitations ne
sont pas des démembrements du droit. Un droit ne peut être
considéré comme démembré que lorsqu'après l'avoir circonscrit dans ses limites légales, on lui enlève encore une
partie de ce qui le constitue.

§ 3.

I. Le second livre du Code italien contient deux titres nouveaux qu'on ne retrouve pas dans le livre correspondant du Code Napoléon. Ces deux titres ont trait : 1° à la *communauté*, 2° à la *possession*.

Le titre consacré à la *communauté* ou *co-propriété commune*, comprend d'abord diverses dispositions éparses dans plusieurs articles isolés du Code Napoléon, celles, par exemple, des articles 815 et 882. La circonstance que ces dispositions et quelques autres ont été réunies sous une rubrique spéciale n'étant pas de nature à leur donner un degré nouveau d'importance scientifique, nous ne croyons pas qu'il y ait lieu de nous en occuper. Voyons seulement comment la loi italienne a réglé les rapports des communistes entr'eux, en ce qui concerne l'administration de la chose commune.

II. D'après l'article 677, un des co-propriétaires ne peut faire aucune innovation sur la chose commune, quand même il le croirait avantageux à la masse, sans l'assentiment de tous les autres.

L'article suivant (678) est ainsi conçu :

« Pour tout ce qui concerne l'administration de la chose commune et la meilleure manière d'en jouir, les délibérations prises par la majorité des participants sont obligatoires à l'égard de la minorité dissidente. Pour qu'il y ait majorité, il faut que les votes qui concourent à la délibération représentent la majeure partie des intérêts dont la réunion forme l'objet de la communauté. S'il ne se forme pas de majorité, ou si la délibération prise par la majorité est de nature à gravement préjudicier à la chose commune, l'autorité judiciaire ordonnera les mesures nécessaires, et pourra même, le cas échéant, désigner un administrateur. »

De pareilles dispositions nous paraissent arbitraires et en opposition avec le principe même de la propriété et le caractère juridique de la copropriété ou communauté. On conçoit qu'en matière de société, et à raison des relations contractuelles intervenues entre les parties, on puisse décider que la majorité pourra, dans une certaine mesure, faire la loi à la minorité. Les parties, pourrait-on dire, ont vraisemblablement entendu qu'il en serait ainsi. Mais il est impossible de transporter cette solution dans la théorie de la propriété. Chacun des intéressés ou communistes étant

investi d'un droit égal et semblable, et aucun n'ayant
entendu conférer aux autres un mandat ou un privilége
quelconque, on peut affirmer que le droit de chacun tient
en échec le droit de tous les autres, et c'est le cas de dire
que : *Melior est conditio prohibentis.* Vouloir restreindre
l'application de cette règle aux actes d'innovation, comme
le fait la loi italienne, et en affranchir les questions d'administration ou de meilleure jouissance de la chose, c'est
consacrer une distinction qui ne repose sur aucune base,
et qui, de plus, ne saurait aboutir à aucun sérieux résultat
pratique.

Supposons, en effet, que la majorité ait adopté une résolution contraire au vœu de la minorité ; la minorité
n'aura, pour éluder le vote de la majorité, qu'à provoquer
tout de suite le partage. On objectera peut-être que la
minorité ne pourra pas toujours recourir à ce moyen radical, attendu qu'il pourra se faire que les intéressés aient
convenu de demeurer dans l'indivision pendant un certain
temps, qui, d'après la loi italienne, ne pourra pas excéder
dix années (art. 681). On peut répondre que, dans ce cas,
l'impossibilité d'agir où la minorité se trouverait, résultant
d'un fait accidentel, la remarque subsiste pour tous les
cas ordinaires. D'ailleurs, même dans l'hypothèse d'un
pacte d'indivision, l'art. 681 du Code italien autorise les
tribunaux, pour les cas graves et urgents, à accorder le
partage avant l'arrivée du terme convenu.

Enfin, nous repoussons surtout la décision qui, dans le cas où les résolutions prises par la majorité seraient de nature à préjudicier gravement à la chose commune, autorise les tribunaux à aviser, et, au besoin, à nommer un administrateur. Cette solution, que M. Demolombe croit admissible en droit français ([1]), aura pour résultat définitif de transporter aux tribunaux l'administration de toutes les choses indivises, en multipliant les procès outre mesure ; car la minorité soutiendra toujours que les vues de la majorité sont préjudiciables aux intérêts communs. N'aurait-il pas mieux valu s'en tenir au principe même de la propriété, d'après lequel, dans le cas de communauté, les droits de chacun étant égaux et semblables, doivent être indépendants les uns des autres? Si tous les intéressés ne peuvent pas se mettre d'accord, qu'ils sortent d'indivision au moyen d'un partage ; la loi n'avait pas besoin d'ajouter autre chose, et en s'abstenant de réglementer des rapports qui échappent à toute réglementation, elle aurait rendu moins fréquents les procès que l'indivision ne fait déjà que trop facilement surgir.

III. Pour terminer ce qui a trait à la théorie de la copropriété ou communauté, nous citerons encore l'intéressante disposition de l'art. 682 :

([1]) *Des Successions*, t. III, n° 485, p. 469 et 470.

« Dans les territoires où est établie la réciprocité des pâturages, dit cet article, le propriétaire qui voudra se retirer, pour le tout ou pour partie, de la communauté des pâtures, devra en faire la dénonce un an à l'avance. A l'expiration de l'année, il perdra son droit de pâture sur les fonds des autres propriétaires, dans la proportion du terrain qu'il aura soustrait à l'usage commun. La dénonce devra être signifiée à l'administration communale et publiée dans les formes ordinaires ; les contestations seront portées devant le tribunal civil. Mais dans aucun cas la faculté du retrait ne pourra être contestée, sinon pour un grand et manifeste motif d'utilité générale de la commune où sont situés les terrains. Le tribunal, en accueillant le retrait demandé, en déterminera le mode et les effets, en ayant surtout égard à la qualité et contenance des terrains soustraits à l'usage commun. »

IV. Enfin, le Code italien décide (art. 683) : « qu'on ne peut demander *la cessation de la communauté (scioglimento della communione)* des choses qui, si elles étaient divisées, ne pourraient plus servir à l'usage auquel elles sont destinées. »

Cette disposition, dont la vérité est manifeste, mérite d'être remarquée, parce qu'elle est l'unique vestige, dans le droit moderne, du concept primitif de la propriété. On sait, en effet, que chez tous les peuples sans exception, la

propriété territoriale a commencé par être collective, et que
peu à peu, à mesure que la civilisation avançait dans sa
marche, elle est devenue individuelle. De sorte que l'histoire
et la philosophie sont d'accord pour démontrer que la propriété, d'abord collective, devait, en se développant selon
les lois de sa nature, devenir enfin individuelle, de la même
manière que l'homme est obligé de passer par l'enfance
avant d'arriver à l'âge mûr.

Mais quoique aujourd'hui la propriété soit définitivement
constituée sur la base des droits individuels et qu'il soit
aussi impossible de prétendre la faire rétrograder, contrairement à sa nature, qu'il serait impossible de ramener
l'homme mûr aux premières années de sa vie, il y a
cependant certaines choses qui, forcément, ne peuvent être
l'objet que d'une propriété collective, à peine d'être complètement destituées de toute valeur.

Tels sont, par exemple, les pâturages communaux dans
les montagnes, et un grand nombre de biens communaux.
Les motifs qui ont fait que les peuples pasteurs n'ont jamais
connu que la propriété collective, parce que la jouissance
collective était pour eux la seule forme qui pût rendre
utile la propriété, n'existent en général aujourd'hui que pour
les communaux dont nous venons de parler. Les lois des
14 août 1792 et 10 juin 1793 qui avaient ordonné le partage de tous les biens communaux, avaient certainement
méconnu les vrais principes, et c'est avec raison qu'elles
ont été abrogées par les lois des 21 prairial an IV et 9

ventôse an XII. La jouissance commune est tellement nécessaire pour cette sorte de biens, qu'une ordonnance du 7
octobre 1818 ne permet la mise en ferme des biens communaux que lorsqu'ils ne sont pas nécessaires à la dépais-
sance des troupeaux.

L'article 683 du Code italien a donc raison de dire : *qu'on
ne peut demander la cessation de la communauté à l'égard des
choses qui, si elles étaient divisées, ne pourraient plus servir à
l'usage auquel elles sont destinées.*

II. Cependant la rédaction de cet article manque peut-
être d'une suffisante précision. Remarquons, en effet, que
ce texte n'a pas pour but de déclarer qu'il est certaines
choses *qui ne peuvent être partagées en nature;* mais, ce qui
est bien différent, qu'il est certaines choses à l'égard desquelles on ne peut pas demander la *cessation de la communauté (lo scioglimento della communione).* Or, en mettant
de côté les biens communaux dont il vient d'être question,
il n'y a guère que le mur mitoyen, appelé *mur commun* par
les Italiens, qui soit dans ce cas, ainsi que les escaliers,
puits, cours, etc., réservés communs pour l'usage de plusieurs maisons (1). Il est certain que non seulement ces

_____

(1) Les dispositions de l'article 661 Code Nap. et 556 Code ital. relatives à
la mitoyenneté forcée, et celle de l'article 663 Code Nap. et 559 Code ital.
concernant la clôture forcée, semblent une dérivation de la manière dont primitivement la propriété avait été envisagée. Faudrait-il les conserver ? M. Batbie
pense que non, attendu qu'elles constituent une atteinte au droit individuel. —
Correspondant, loc. cit., p. 97 et 98. — Nous pensons aussi qu'il n'y aurait pas
grand inconvénient à faire disparaître cette source de procès et de difficultés.

objets ne pourraient être partagés sans que leur destination fût détruite, mais, de plus, qu'il n'est même pas possible d'en permettre la licitation. Mais il est d'autres objets, les mines, par exemple, qui, d'après les lois françaises, peuvent être licités et non partagés. Ainsi, l'art. 7 de la loi du 21 avril 1810 déclare qu'une mine ne peut être vendue par lots ou partagée sans une autorisation préalable du gouvernement. Le copropriétaire d'une mine peut donc demander la cessation de la communauté, *lo scioglimento della communione*, au moyen d'une licitation. Or, il est probable que les lois italiennes contiennent, à l'égard de certaines choses, des restrictions analogues, et pour ces choses, il est certain que l'art. 683 ne met pas obstacle à une demande en licitation, quoique le partage en nature ou la division en lots soient prohibés. Seulement cet article est rédigé de manière à faire croire que les copropriétaires d'un établissement de bains, par exemple, ne pourraient pas demander la cessation de la communauté, attendu que la division de la chose commune l'empêcherait de remplir sa destination.

§ 4.

I. Après le titre consacré à la *communauté*, le second livre du Code italien contient un dernier titre relatif à l'importante matière de la possession. Pour la possession comme pour la communauté, on s'est borné à réunir sous une rubrique spéciale les diverses dispositions, qui, dans les autres Codes, se trouvent disséminées en plusieurs endroits, notamment dans le titre relatif à la prescription.

Le Code italien définit la possession (art. 685): « La détention d'une chose ou l'exercice d'un droit, soit par soi-même, soit par l'intermédiaire d'un tiers qui détient la chose ou exerce le droit en notre nom. »

L'article suivant (686) déclare que « la possession est

légitime quand elle est continue, non interrompue, paisible, non équivoque, et à titre de propriétaire. »

Ces deux dispositions se complètent l'une l'autre; on pourra trouver cependant qu'elles ne sont pas rédigées en parfaite harmonie avec les données actuelles de la doctrine juridique. L'art. 685, qui n'est, du reste, que la reproduction du Code Napoléon, ne distingue pas suffisamment la possession de la simple détention, qui n'est qu'un pur accident sans conséquence aucune.

II. Plus bas, la loi italienne déclare que la possession des choses qui ne sont pas susceptibles de propriété privée, n'a aucun effet juridique (art. 690). Cette solution est tout-à-fait conforme à la théorie française, et même à la théorie généralement admise en matière de possession. Il suit de là que les dépendances du domaine public ne peuvent être utilement possédées, que, par conséquent, non-seulement on ne peut pas les usucaper par une longue possession, mais même que leur possession ne pourrait être protégée par des actions possessoires. Néanmoins, puisqu'il s'agissait pour les juristes italiens *de jure constituendo*, et non *de jure constituto*, ils auraient mieux fait, ce semble, de soumettre à un nouvel examen cette ancienne doctrine, et de vérifier s'il n'y avait pas lieu de faire à cet égard quelques précisions. On peut, en effet, prévoir plusieurs hypothèses.

Supposons d'abord qu'un individu possède, en fait, un terrain que l'on prétend faire partie de la voie publique, être par suite une dépendance du domaine public. Si le possesseur est troublé dans sa possession ou dépouillé par un tiers, et qu'il intente contre ce dernier l'action possessoire, devra-t-il succomber si l'auteur du trouble offre de prouver et prouve, en effet, que le terrain dont il s'agit dépend de la voie publique? Cette décision serait dangereuse, puisqu'elle aurait pour résultat de maintenir les parties qui se disputent la possession à l'état d'antagonisme violent, tant que le domaine public n'interviendrait pas pour revendiquer sa chose. Par conséquent, lorsque la possession d'une chose est disputée entre simples particuliers, il me semble qu'il ne faudrait pas admettre le défendeur à prétendre, pour échapper à une condamnation, que la chose dépend du domaine public.

Qu'arrivera-t-il maintenant, si le litige s'élève entre le domaine public et un particulier qui conteste les droits du domaine public? C'est, en définitive, une question de propriété qu'il s'agit de juger. Or, à qui incombera la preuve du droit de propriété, c'est-à-dire la nécessité d'agir en revendication? Suffira-t-il que le domaine public prétende droit à une chose pour qu'il en soit tout de suite présumé propriétaire et envoyé en possession, de façon à imposer aux tiers qui seront obligés de se porter demandeurs en revendication, la nécessité de la preuve? Il serait impossible d'admettre une aussi choquante solution; il est certain que celui-là devra revendiquer, du domaine public ou du tiers, qui n'aura pas la possession. Donc, si chacun se prétend possesseur, il faudra bien vider la question de possession avant d'admettre les parties à se disputer au pétitoire.

A quoi donc se réduira la règle que : la possession des choses dont on ne peut acquérir la propriété privée n'a point d'effet juridique? Aux seules conséquences suivantes :

1° Cette possession ne pourra jamais conduire à la propriété par l'usucapion ; ce qui était inutile à dire, puisqu'on sait que les choses du domaine public sont imprescriptibles ;

2° Lorsque le domaine public a déjà possédé une chose et que le fait de cette possession est prouvé, il a toujours le droit de rentrer ou d'être maintenu en possession, nonobstant la possession annale du détenteur actuel, et sauf à répondre ensuite comme défendeur à l'action pétitoire. Ce qui revient à dire, que le domaine public demandeur au possessoire, n'est pas soumis pour triompher à la nécessité d'agir dans l'année du trouble.

Mais, si le domaine public ne peut prouver le fait d'une possession, même remontant à plus d'une année, il devra succomber au possessoire, et, par conséquent, jouer le rôle de demandeur dans l'action en revendication. Or, s'il obtient gain de cause en définitive, s'il est jugé que la chose dépend réellement du domaine public, la possession de cette chose aura donc produit cet effet d'assurer au détenteur le rôle de défendeur.

Il nous semble donc qu'il eût mieux valu chercher à indiquer les résultats pratiques dont nous venons de parler, plutôt que s'en tenir à cette formule générale : *La possession d'une chose non susceptible de propriété privée ne produit aucun effet juridique ;* disposition vague et même obscure, malgré son apparente clarté, et qui a l'air de signifier plus qu'elle n'exprime.

III. Le Code italien organise ensuite la théorie des actions possessoires ; il admet la complainte, la réintégrande et la dénonciation de nouvel œuvre avec le caractère que la doctrine attribue d'ordinaire à ces trois actions, et il décide notamment que, pour l'exercice de la réintégrande, il n'est pas nécessaire d'avoir la possession annale (art. 695). Nous remarquons de plus que la réintégrande est accordée non-seulement pour les immeubles, mais encore pour les meubles.

En ce qui touche la complainte, l'art. 694 porte : « Celui qui étant depuis plus d'une année possesseur légitime d'un immeuble, d'un droit réel ou d'une universalité de meubles, est troublé dans sa possession, peut, dans l'année du trouble, demander à être maintenu dans la même possession. »

Pour la dénonciation de nouvel œuvre, il résulte de l'art. 698, que celui qui a raison de craindre qu'une entreprise quelconque faite par autrui sur le sol soit de nature à porter dommage à un immeuble, à un droit réel ou à *tout autre objet par lui possédé,* peut dénoncer le nouvel œuvre au juge, pourvu qu'il ne soit pas encore terminé et qu'il ne se soit pas écoulé une année depuis son commencement.

IV. Ainsi donc, la réintégrande et la dénonciation de nouvel œuvre sont admises pour protéger la possession des meubles, et la complainte, seulement pour le cas où il s'agit d'une universalité de meubles. Voilà donc tranchées certaines controverses qu'avait soulevées le Code Napoléon. On sait, en effet, que la question de savoir si les actions possessoires peuvent être admises en fait de meubles, a donné lieu à plusieurs systèmes. Les uns admettent la négative d'une manière absolue, sans distinction entre les meubles isolés et les universalités de meubles ; d'autres, en bien plus petit nombre, admettent au contraire l'affirmative aussi d'une manière absolue ; mais la grande majorité distingue entre les meubles isolés, à l'égard desquels il est impossible de concevoir une instance sur le possessoire distincte d'une instance sur le pétitoire, et les universalités de meubles, qui étant susceptibles d'une possession proprement dite, se prêtent à la distinction entre le possessoire et le pétitoire.

V. Le Code italien n'a suivi aucune de ces opinions d'une manière complète. Il a préféré, et avec raison, prendre avant tout en considération le but particulier de chaque action possessoire. D'abord, en ce qui concerne la réintégrande, il la déclare applicable aux meubles sans distinction, et rien de plus juridique que cette solution. On comprend, en effet, à *priori*, que la maxime *spoliatus ante omnia restituendus* doit être vraie, aussi bien pour les meubles que pour les immeubles.

VI. Quant à la dénonciation de nouvel œuvre, il semble résulter des termes de l'art. 698 qu'elle est admise même pour protéger la possession des meubles. Mais la difficulté consiste à trouver un cas où il serait possible de concevoir l'exercice d'une telle action pour protéger un meuble qui serait menacé par le nouvel œuvre. Voici cependant une hypothèse qui n'a certainement pas été prévue par les rédacteurs du Code italien.

Le Code italien (art. 409 et 419), à l'exemple du Code français (art. 519 et 531), distingue entre les usines fixées par des piliers et se rattachant à une maison, lesquelles sont *immeubles*, et les usines non fixées par des piliers et qui sont *meubles*, quoique destinées à occuper constamment la même place assignée par l'autorité administrative, et dont la conservation peut, dans certains cas, constituer un droit acquis. Or, ne peut-il pas arriver qu'une *usine-meuble* ait sa place à côté d'une *usine-immeuble*, et que des travaux effectués sur cette dernière soient de nature à porter dommage à l'usine-meuble?... Voilà une hypothèse où la dénonciation de nouvel œuvre pourra avoir lieu dans l'intérêt exclusif d'un meuble.

VII. Pour la complainte proprement dite, l'art. 694 adopte la distinction entre les meubles isolés et les universalités de meubles ; la complainte est admise pour les universalités de meubles et repoussée pour les meubles isolés.

Cette distinction entre les meubles individuellement considérés et les universalités de meubles, est quelquefois utile en droit, notamment, ainsi que nous l'avons déjà vu, lorsqu'il s'agit de la succession d'un étranger. Mais de ce que cette distinction est utile dans certains cas, il ne s'ensuit pas qu'elle le soit toujours. Dans le cas particulier surtout, elle est tout-à-fait hors de propos. La difficulté de la question vient de ce que, en fait de meubles, la possession valant comme titre de propriété, il paraît impossible de concevoir comment la question de possession pourrait se poser séparément de la question de propriété ; il semble que tout procès sur la possession doive nécessairement se transformer en un procès sur la propriété. Cependant, ce que nous venons de dire au sujet des usines-meubles, prouve bien le contraire, et il est facile de concevoir un simple trouble apporté à la possession d'une usine non fixée par des piliers et devant donner lieu à une simple question possessoire tout-à-fait distincte de la question pétitoire. Mais il n'est même pas nécessaire d'aller choisir un exemple dans ces *meubles* d'un genre tout-à-fait particulier et qui sont destinés à occuper toujours la même place. Supposons qu'un objet mobilier ordinaire, mais d'une grande valeur, par exemple une de ces belles machines que la vapeur a mises au service de l'agriculture, se trouve entre les mains d'un préposé, et qu'une contestation surgisse entre deux personnes touchant la propriété de cette machine, et cela dans des circonstances où la maxime : en fait de meubles possession vaut titre, ne peut pas être invoquée..... Qui devra jouer le rôle de demandeur dans l'instance? Evidemment celui qui ne possède pas ; aussi chacun des deux adversaires soutiendra-t-il qu'il possède. Or, quel est celui qui possède? C'est celui qui a joué le rôle de préposant, qui a confié la machine au préposé qui la garde..... Mais chacun des deux adversaires prétend être celui-là ; donc, chacun d'eux aura intérêt à agir en possessoire pour s'assurer le rôle de défendeur dans l'instance en revendication..... Il n'y a donc rien de si clairement justifié que l'utilité de la complainte, comme des autres actions possessoires en matière de meubles. L'opinion conforme de Renaud, consignée dans le *Kritische Zeitschrift* de Mittermaïer, et qui a été considérée comme singulière, nous paraît donc la seule conforme à la raison pratique, quoiqu'il se borne à l'appuyer d'assertions historiques, peut-être contestables. Mais alors, comment se fait-il que cette solution ait été repoussée par tous les auteurs? C'est qu'on n'a vu, comme cela arrive souvent, qu'un seul côté de la question ; on s'est laissé influencer par ce principe, qu'en fait de meubles

la possession vaut titre, et que, par suite, toute discussion
sur la possession paraît devoir forcément porter en réalité
sur la propriété. Il fallait, au contraire, ne pas perdre de
vue ces deux points : 1° Qu'il est un grand nombre de cas
où, malgré cette règle, la revendication d'un meuble est
possible ; 2° que dans toutes ces hypothèses, il peut y avoir
intérêt à savoir qui possède pour savoir qui sera demandeur et qui défendeur.

Nous voyons donc que le Code italien a organisé la difficile matière des actions possessoires, de façon à donner
satisfaction à tous les besoins, garantie à tous les intérêts,
et qu'il a donné une solution heureuse à plusieurs graves
questions que soulève sur ce point l'application de notre
Code civil.

VIII. Le Code italien a, de plus, complété sa théorie de
la possession en déterminant avec netteté la situation du possesseur à l'égard du propriétaire en ce qui touche les améliorations apportées à la chose possédée. On sait que, sur ce
point, notre Code Napoléon présente une regrettable lacune.
L'art. 555 s'occupe, sans doute, avec soin des plantations,
constructions et ouvrages effectués sur le sol d'autrui. Mais
on reconnaît généralement que cet article et les solutions
qu'il contient ne peuvent s'appliquer qu'aux ouvrages susceptibles d'être enlevés. Quant aux réparations et travaux
d'amélioration qui n'ont ajouté à la chose possédée aucun
élément nouveau qu'on puisse en détacher, notre loi est

muette. Aussi n'est-ce pas sans grandes difficultés qu'on peut arriver à régler équitablement et juridiquement la position du propriétaire vis-à-vis d'un possesseur de bonne ou de mauvaise foi qui, par ses dépenses, a amélioré la chose.

« Dans le silence de nos lois, sur ce cas spécial, dit M. Demolombe (1), il faut recourir aux analogies déduites des matières semblables et aux principes généraux du droit (art. 4); et nous croyons que c'est dans le quasi-contrat de gestion d'affaires que nous devons trouver ces analogies et ces principes. Il est vrai que le tiers possesseur n'a pas fait ces travaux pour le propriétaire, et comme son gérant; mais n'est-il donc pas possible de lui accorder, à l'exemple du préteur romain, une sorte d'action *utilis* de gestion d'affaires ?.... »

Nous n'avons pas à discuter ici, en détail, le système proposé par l'éminent professeur; nous nous bornerons à faire remarquer qu'il n'est peut-être pas bien légitime d'aller chercher un principe de solution dans celui de tous les quasi-contrats qui est le plus incompatible avec les données de l'hypothèse. Le possesseur, en effet, agit *essentiellement* pour son compte personnel; c'est précisément à cause de cela qu'il est possesseur; donc il y a radicale incompatibilité juridique entre l'idée de *possesseur* et celle de gérant d'affaire; donc il n'est pas bien sûr qu'il n'y ait pas un peu

(1) *De la distinction des biens*, t. I, n° 689, p. 654.

d'arbitraire dans le système qui résultera du rapprochement, *contra rationem juris*, de deux caractères aussi diamétralement opposés...

Quoi qu'il en soit, voici comment le Code italien a cru pouvoir résoudre la question :

Art. 704. Le possesseur, même de bonne foi, ne peut prétendre, vis-à-vis du propriétaire, à aucune indemnité pour cause d'améliorations qui auraient cessé d'exister à l'époque de l'éviction.

Art. 705. Le possesseur soit de bonne, soit de mauvaise foi, ne pourra réclamer, pour les améliorations par lui faites, que la plus faible des deux sommes entre celle des impenses et celle qui représente la plus-value.

Art. 706. Le possesseur de bonne foi peut seul exercer le droit de rétention pour cause des améliorations par lui faites et encore subsistantes, pourvu qu'il ait réclamé le remboursement de ses impenses pendant le cours de l'instance en revendication, et que d'ores et déjà il apparaisse quelque preuve de l'existence, en général, de ces améliorations.

Tel est le système auquel se sont arrêtés les jurisconsultes italiens ; il nous paraît remarquable autant par son extrême simplicité que par sa conformité entière avec le principe d'équité. D'abord, au point de vue de la simplicité, quel avantage n'y a-t-il pas dans une théorie qui n'a plus besoin de se rattacher aux vieilles distinctions entre les impenses nécessaires, utiles et voluptuaires, entre les possesseurs de bonne foi et les possesseurs de mauvaise foi? Pour toutes les hypothèses, les juges n'auront à examiner que deux questions :

1° Les impenses faites par le possesseur ont-elles apporté une plus-value à la chose?

2° Cette plus-value est-elle supérieure ou inférieure au chiffre justifié des impenses?

Dans tous les cas, dit la loi italienne, c'est la somme la plus faible que devra payer le propriétaire ou possesseur. Rien de plus équitable que d'adopter cette solution vis-à-vis du possesseur de mauvaise foi comme vis-à-vis du possesseur de bonne foi. C'est qu'en effet, dans le cas dont il s'agit, la bonne ou la mauvaise foi du possesseur ne peut aucunement influer sur sa position. Il est vrai qu'il est des cas où il en est autrement ; mais de ce que en matière de restitution de fruits ou lorsqu'il s'agit d'ouvrages que le propriétaire peut faire enlever s'il le veut, il y a des raisons pour traiter le possesseur de mauvaise foi plus mal que le possesseur de bonne foi, il ne s'ensuit pas qu'il faille toujours le traiter plus mal.

L'unique principe qui domine la question est celui-ci : Nul ne peut s'enrichir aux dépens d'autrui ; peu importe qu'autrui soit de bonne ou de mauvaise foi. Le litige devra toujours être réduit à une question d'enrichissement.

Donc, si le possesseur a dépensé 100 pour produire une plus-value de 50, le propriétaire n'étant, par le fait, enrichi qu'à concurrence de 50, ne devra payer que cette somme ;

Si, au contraire, le possesseur en dépensant 50 a produit une plus-value de 100, s'il pouvait obtenir cette dernière somme, il s'enrichirait lui-même sans cause à concurrence de 50; il ne pourra donc obtenir que 50 ;

Ce qui revient à dire que, dans tous les cas, étant donné le chiffre des impenses et celui de la plus-value, le propriétaire ne devra jamais payer que le plus faible.

La mauvaise foi du possesseur peut-elle modifier quant à lui l'exactitude de ces solutions? Evidemment non, tant qu'il ne s'agira que de déterminer le *quantum* des indemnités à payer par le propriétaire. Du moment que l'obligation de ce dernier a pour cause juridique l'*enrichissement*, peu importe la bonne ou la mauvaise foi de celui qui, par son fait, a déterminé l'enrichissement.

Mais si le montant de l'indemnité à payer doit être déterminé, abstraction faite de la bonne ou de la mauvaise foi du possesseur, il n'en sera pas de même des moyens juridiques que la loi met à la disposition du créancier. Nous rentrons ici dans le domaine du droit sanctionnateur, et par conséquent la loi peut refuser au possesseur tel moyen de coercition indirecte, le droit de rétention par exemple, qu'elle accorde au possesseur de bonne foi.

Le système italien est donc en parfaite harmonie avec les principes généraux du droit; il est plus simple que ceux qui ont été proposés par les commentateurs du Code Napoléon ; et comme en définitive il n'est contrarié par aucun texte de notre Code, nous croyons qu'on pourrait légitimement soutenir que, dans le silence de la loi, il doit être suivi.

IX. Enfin, la théorie de la possession comprend encore dans le Code italien l'application de la maxime qu'en *fait de meubles possession vaut titre*, maxime que l'art. 707 applique textuellement aux *titres au porteur*; de plus, l'action en revendication des choses mobilières volées ou égarées a été limitée à deux années par l'art. 2146, alors que notre Code accorde trois années. On peut approuver cette réduction du délai, à cause de l'intérêt qu'il y a à ce que le possesseur de bonne foi d'une chose mobilière appartenant à autrui ne reste pas trop longtemps sous le coup de l'action du vrai propriétaire.

Nous avons terminé l'examen du second livre du Code italien. La matière de ce second livre ne présente pas d'aussi graves questions que le livre des personnes. Cependant l'organisation de la propriété donne lieu à de graves difficultés pratiques. En cette matière, comme dans celle des obligations, le législateur est moins indépendant que dans beaucoup d'autres; il doit subordonner ses décisions aux principes dont la vérité a été démontrée par l'étude scientifique du droit. Toute dérogation à ces principes porte atteinte aux droits individuels, et le législateur doit mettre tous ses soins à les respecter et à maintenir leur intégrité. Les rédacteurs du Code italien sont restés fidèles à ce point de vue; jamais ils n'ont sacrifié les droits individuels à

l'intérêt général, et fait prédominer les considérations purement économiques sur la raison juridique. Ce qui n'empêche pas que leur œuvre ne soit tout-à-fait au niveau de
la science moderne, car ils ont tenu compte aussi bien des
progrès de l'agriculture et de l'industrie que des progrès de
la jurisprudence.

TROISIÈME PARTIE.

TROISIÈME LIVRE DU CODE ITALIEN.

§ 1.

I. Les matières les plus importantes et les plus difficiles à régler de tout le droit privé, forment, on le sait, l'objet du IIIe livre du Code. La théorie des successions et testaments, le droit des obligations, le contrat de mariage, le régime hypothécaire, la prescription, tels étaient donc les principaux sujets sur lesquels avaient à s'exercer la prudence et le savoir des jurisconsultes italiens. Ils se sont

encore inspirés du Code Napoléon ; mais nous verrons
combien ils ont su l'améliorer, et de quelle manière heureuse ils ont combiné ensemble les données de la critique
juridique et les résultats certains fournis par la science
économique. Le troisième livre du Code italien, surtout en
ce qui touche les successions, en est certainement la partie
la plus remarquable ; et sur beaucoup de points nous
n'aurons un jour rien de mieux à faire qu'à accepter purement et simplement certaines dispositions insérées dans la
loi italienne.

II. Nous allons tout d'abord, négligeant le titre premier
relatif à l'occupation, examiner la théorie admise par les
Italiens en matière de dévolution des successions.

« L'ordre des successions, dit Montesquieu, dépend des
principes du droit politique ou civil et non pas des principes du droit naturel... L'ordre politique ou civil demande
souvent que les enfants succèdent aux pères ; mais il ne
l'exige pas toujours... Maxime générale : nourrir ses enfants
est une obligation de droit naturel ; leur donner sa succession est une obligation du droit civil ou politique... (1). »

Cette doctrine a évidemment inspiré dans une certaine
mesure les rédacteurs de notre Code Napoléon :

« Il y a quatre objets principaux dans tout Code de lois,
disait Maleville, qui ne peuvent pas être réglés par les seuls

(1) *Esprit des Lois*, liv. XXVI, chap. 11.

principes de la justice ordinaire, et dont les bases doivent nécessairement être coordonnées à la forme du gouvernement de la nation pour laquelle le Code se fait ; ces objets sont : la puissance paternelle, le contrat de mariage, les successions et les testaments (1). » Il aurait mieux valu dire tout de suite et d'un seul mot, que l'organisation de la famille devait être subordonnée à la forme du gouvernement et aux vues politiques du Souverain, car le mariage, l'autorité paternelle et les successions ne représentent dans leur ensemble autre chose que la vie même de la famille dont ils expriment les phases diverses. Mais alors la brutalité de la formule en aurait rendu la fausseté évidente.

Il n'y a rien, en effet, de plus erroné que le point de vue de Montesquieu.

Ce point de vue ne pourrait être adopté que dans un pays où l'organisation de la famille repose sur des bases exclusivement politiques. Il en fut ainsi dans le vieux droit romain, où la famille était remplacée par une espèce d'agrégation *agnatique*, militairement gouvernée par un chef investi, à ce titre, d'une magistrature civile. Voilà pourquoi, dans le principe, la succession testamentaire fut inconnue à Rome. La loi qui avait créé et réglé les rapports du chef avec ses subordonnés, avait pareillement réglementé la dévolution des biens après le décès du chef. Aussi, lorsque le droit de tester fut reconnu, il dut s'exercer d'abord au

(1) *Analyse raisonnée du Code civil*, t. II, p. 162.

moyen de l'intervention du pouvoir législatif, *calatis comitiis*, car il fallait une loi particulière pour déroger à la loi générale. Il est vrai que l'intervention des comices finit bientôt par n'avoir plus d'autre but que d'*authentiquer*, en quelque sorte, la volonté du testateur ; mais cela n'empêche pas que la raison initiale de cette intervention ne doive être cherchée dans le point de vue qui vient d'être indiqué.

La vérité est que le droit de succession se lie intimement à la constitution de la famille ; il est une condition essentielle de l'existence de la famille, et réciproquement sans la famille on ne comprendrait pas le droit de succession.

Or, l'existence de la famille et sa forme juridique devant être indépendantes de l'organisation politique des sociétés, ce qui n'a plus besoin aujourd'hui d'être démontré, il suit de là que le droit de succession doit être pareillement indépendant du caractère du gouvernement et de la volonté arbitraire du législateur.

Le législateur ne doit intervenir que pour la réglementation des détails, établir des limites, fixer des chiffres, imposer des délais, etc. ; seulement, les questions de chiffres et de limites ont ici une importance particulière, et le législateur peut dans une certaine mesure s'inspirer de considérations politiques pour leur donner une solution convenable. Mais quant au principe même de la dévolution des biens, il ne saurait appartenir au législateur de le méconnaître ou de l'altérer, et de régler les successions d'après des idées préconçues, d'après tel ou tel système politique ou religieux. C'est toujours dans l'ordre des affections présumées du défunt que les biens doivent être dévolus ; ce qui revient à dire que c'est toujours la succession testamentaire qui doit prévaloir, et que celui qui meurt sans testament personnel, laisse néanmoins un testament écrit pour lui dans la loi.

Ces principes ont été ceux des rédacteurs du Code italien. Les paroles prononcées à ce sujet par le rapporteur de la commission du Sénat, M. Vacca, en font foi. « Si la succession testamentaire est l'affirmation la plus énergique du droit de propriété, disait en effet M. Vacca, la succession légitime doit avoir pour base l'intention présumée du défunt, et la loi doit s'attacher à concilier cette intention présumée avec l'intérêt général de la société... Aussi, ajoute-t-il, le projet de Code a adopté une situation moyenne entre la tradition romaine qui exagérait les pouvoirs du testateur, et le système français qui lui impose souvent de trop grandes restrictions (¹). » Cependant la rédaction des art. 721 et 722 qui se trouvent en tête du chapitre relatif aux successions légitimes, serait de nature à faire croire que le système français a été suivi en entier :

« *La loi*, dit l'art. 721, défère la succession aux divers héritiers légitimes dans l'ordre ci-après établi, et à leur défaut à l'Etat. »

(¹) Rapport de M. Vacca sur le IIIᵉ livre dans les procès-verbaux officiels, p. 2.

« *La loi*, dit l'art. 722, ne considère pour régler la succession que la proximité de la parenté, et n'a égard ni à la
prérogative de la ligne, ni à l'origine des biens, excepté
dans les cas et suivant le mode spécialement prévus par
la loi. »

Le Code italien s'exprime donc comme le font les
art. 723 et 732 du Code Napoléon. Il semble reconnaître à
la loi une puissance d'attribution qui lui serait propre, et
cependant il est certain que les doctrines dont Maleville
était l'écho, ont été répudiées par les juristes de la Péninsule.

III. De même que le Code Napoléon, le Code italien
n'admet qu'un seul cas d'incapacité relative de succéder,
c'est le cas d'indignité du successible. Mais la théorie de
l'indignité a été considérablement amendée.

« Sont indignes de succéder, dit l'art. 725 :

» 1° Celui qui aura volontairement donné ou tenté de
donner la mort au défunt;

» 2° Celui qui l'aura accusé d'un fait punissable d'une
peine criminelle, lorsque l'accusation aura été déclarée en
justice calomnieuse;

» 3° Celui qui aura contraint le défunt à faire ou à changer un testament;

» 4° Celui qui aura empêché le défunt de faire un testament ou de révoquer un testament déjà fait, ou qui aura
supprimé, célé ou altéré le testament fait en dernier lieu. »

Nous remarquerons d'abord que la loi italienne admet certaines causes d'indignité que n'admet pas la loi française. Dans tous les cas où une personne porte atteinte à la liberté de tester de celui dont elle est le successible, ou qu'elle s'efforce de détruire la preuve de sa dernière volonté, elle est déclarée indigne. Rien de plus efficace qu'une telle disposition, dont la portée préventive n'a pas besoin d'être mise en relief.

En second lieu, nous voyons qu'il suffit pour encourir l'indignité d'avoir donné ou tenté de donner la mort. Il n'est pas nécessaire, comme sous le Code Napoléon, d'avoir été *condamné...* (Voy. art. 727). Cette modification doit encore être approuvée. En effet, d'après les principes du droit français, le meurtrier qui décèderait, ne serait-ce qu'un instant de raison avant la prononciation de l'arrêt de condamnation, par conséquent après la réponse affirmative du jury, mourrait en pleine capacité, investi de la qualité d'héritier, et transmettrait à ses propres enfants l'héritage de la victime. Ce résultat est immoral. De plus, la nécessité d'une condamnation est encore fâcheuse à un autre point de vue, puisqu'elle crée pour le meurtrier un intérêt à se suicider avant la condamnation.

Enfin, la loi italienne a rejeté avec raison la troisième cause d'indignité admise par l'art. 727 3°, résultant de ce que l'héritier majeur instruit du meurtre du défunt ne l'aurait pas dénoncé à la justice.

Cette disposition du Code Napoléon est en effet regretta-

ble ; d'abord elle peut pousser l'héritier qui aura peur
d'encourir l'indignité à faire des dénonciations inconsidé-
rées. En second lieu, comme on ne pouvait imposer à l'héritier l'obligation de dénoncer un meurtre qui aurait été
commis par un de ses proches, l'art. 728 l'a dispensé, pour
ce cas, de la dénonciation ; mais l'application de cet article
peut conduire, on le sait, à des résultats vraiment inaccep-
tables.

Nous avons dit que la loi italienne a fondé le droit
de succession sur la volonté présumée du défunt ; c'est
d'après ce point de vue qu'elle a écarté de la succession,
comme indignes, ceux que le défunt aurait probablement
écartés lui-même. Pour être conséquent, il fallait décider
que le *de cujus* pouvait, par un acte de sa volonté, relever
un successible de l'indignité par lui encourue. En conséquence, il a été inséré une disposition nouvelle ainsi conçue : Art. 726. « Celui qui a encouru l'indignité peut être
admis à succéder lorsque le *de cujus* l'aura expressément
réhabilité par acte authentique ou par testament. »

Nous voyons donc que, malgré la nature de l'indignité
dont le caractère pénal aurait pu entraîner à exagérer le
pouvoir de la loi, les rédacteurs du Code italien ont voulu
ne pas s'écarter de la base si rationnelle de la volonté probable du *de cujus*. Mais c'est surtout dans la détermination
des divers ordres de succession qu'ils se sont efforcés de
bien pénétrer cette volonté, et nous pouvons dire qu'ils y
ont admirablement réussi. Les hommes vraiment distin-

gués, les jurisconsultes patriotes qui ont eu l'honneur de concourir à l'unification législative de l'Italie peuvent se rendre le témoignage d'avoir doté leur pays d'une loi sur les successions la plus parfaite qui existe, alors qu'auparavant, sur plusieurs points de la Péninsule, la législation en vigueur était souillée par le privilége et le droit d'exhérédation.

IV. La loi appelle en premier lieu les enfants à la succession de leurs auteurs (art. 736).

A défaut d'enfants, de frères ou sœurs ou de descendants d'eux, la succession est dévolue pour égale part au père et à la mère ou, pour le tout, à celui des deux qui a survécu (art. 738).

Dans cette dernière hypothèse, la loi française divise la succession entre la ligne paternelle et la ligne maternelle, et admet en concours, avec le père ou la mère survivant, les parents de l'autre ligne. Cette division en deux lignes a déjà été énergiquement critiquée, et avec raison, par plusieurs jurisconsultes. M. Rodière, notamment, dans un travail lu à l'Académie de législation (¹), a démontré tout ce qu'il y avait d'étrange dans un système qui faisait concourir avec le père ou la mère le parent le plus éloigné de l'autre ligne, dont peut-être le défunt n'avait jamais aperçu le

_____

(¹) *Changements à introduire dans l'ordre des successions*, Recueil de l'Académie de législation, année 1856, t. V, p, 132.

visage ni entendu prononcer le nom!... Plus récemment, M. Batbie a fait entendre la même plainte : « Quel outrage à la nature! s'écrie-t-il ; des parents inconnus sont préférés pour la moitié de la succession au père et à la mère. L'ancienne maxime : *paterna paternis, materna maternis* était bien plus équitable. Elle avait pour résultat de faire retourner les biens au lieu d'où ils venaient et de déférer la succession suivant l'origine des biens. Il n'y avait rien d'extraordinaire à préférer les parents plus éloignés d'une ligne aux parents plus rapprochés de l'autre, parce que, dans ce système, la succession était une espèce de retour. Notre Code, au contraire, ne distingue pas les biens d'après leur provenance. Alors même que tous les biens viendraient d'une seule ligne, la fente aurait lieu. Il pourrait donc se faire que le parent le plus proche dans une ligne d'où viennent tous les biens de la succession fût exclu de la moitié de ces biens par un parent très-éloigné de l'autre ligne qui n'a rien fourni (1). »

On voit que, sur ce point, le Code italien donne satisfaction aux justes demandes de MM. Rodière et Batbie, et que le père ou la mère survivant excluent dans l'autre ligne tous les collatéraux, autres que les frères et sœurs ou descendants d'eux.

V. Maintenant, comment fallait-il régler le concours des père et mère ou de l'un d'eux avec les frères ou sœurs du

(1) *Correspondant, loc. cit., p. 106.*

défunt? Dans ce cas la loi française accorde invariablement aux frères et sœurs la moitié de la succession si le père et la mère ont ensemble survécu, et les trois quarts dans le cas de survie de l'un des deux seulement.

Cette division peut présenter quelques inconvénients lorsque le nombre des frères et sœurs est assez considérable; le dividende de la moitié ou des trois quarts qui reviendra à chacun pourra être assez mesquin; d'un autre côté, si le père ou la mère a seul survécu et se trouve en concours avec un frère unique, on pourrait trouver un peu réduite la part de l'auteur survivant qui sera d'un quart, alors que le frère recevra les trois quarts. Pour obvier à ces inconvénients, la loi italienne décide que l'auteur ou les auteurs survivants et les frères et sœurs viendront tous à la succession par tête, de manière cependant que l'auteur ou les auteurs survivants aient au moins le tiers de la succession.

Mais, dit M. Rodière en parlant du Code Napoléon : « La loi a eu tort de ne faire concourir avec les frères et sœurs que le père et la mère; elle aurait dû, à défaut du père et de la mère, faire concourir aussi les ascendants plus éloignés en leur accordant tout au moins un droit d'usufruit (1). »

Les rédacteurs du Code italien ont pensé comme M. Rodière, et se sont montrés encore plus généreux envers les grands parents :

(1) Recueil de l'Académie de Législation, *loc. cit.* p. 129.

« La portion qui reviendrait aux père et mère survivants, dit l'art. 740 § 4, est à leur défaut attribuée aux autres
ascendants. »

VI. A défaut d'enfants, des père et mère, des frères et
sœurs ou descendants d'eux, la succession est attribuée
pour moitié aux ascendants de la ligne paternelle et pour
moitié aux ascendants de la ligne maternelle, sans avoir
égard à l'origine des biens. Mais si les ascendants ne
sont pas au même degré, l'hérédité est dévolue au plus
proche, sans distinction de ligne (art. 739). Nous reviendrons bientôt sur cette disposition.

A défaut d'enfants et d'ascendants, la succession est dévolue aux frères et sœurs ou descendants d'eux (art. 741).

Enfin, à défaut d'enfants, d'ascendants, de frères et sœurs
et descendants d'eux, la succession est attribuée au colla-
téral le plus proche, sans distinction entre les deux lignes;
les parents au-delà du dixième degré ne succèdent pas
(art. 742).

Les divers ordres de succession fondés sur la parenté
légitime, peuvent donc être classés de la manière suivante :

1° Les descendants ;

2° Les père et mère seuls, ou en concours avec les frères et sœurs ;

3° Les autres ascendants seuls ou en concours avec les
frères et sœurs ;

4° Les frères et sœurs seuls ;

5° Les collatéraux ordinaires,

VII. Maintenant fallait-il conserver le système de fente entre la ligne paternelle et la ligne maternelle de manière à ce que les héritiers d'une classe inférieure fussent admis à concourir avec des héritiers d'une classe supérieure, mais pris dans une autre ligne? La négative nous paraît évidente, et nous croyons pouvoir démontrer qu'il vaut mieux revenir à cet égard aux principes du droit romain conservés dans les pays de droit écrit.

« Le droit écrit, dit M. Demolombe, avait sans doute sur le droit coutumier un grand avantage, c'est qu'il ne recherchait ni la nature ni l'origine des biens, recherches difficiles et dispendieuses. Mais, en revanche, lorsqu'il déférait la succession au parent le plus proche, sans distinction de ligne, il avait le grand inconvénient de donner tout aux uns et rien aux autres, et fort souvent d'enrichir ainsi une seule ligne de parenté des biens qui provenaient exclusivement de l'autre ligne (1). »

Le fait signalé est exact, mais il n'a rien d'illégitime en soi. Lorsqu'un individu meurt sans descendants, ni père ni mère, ni frères ni sœurs, nous ne voyons pas pourquoi sa succession ne serait pas dévolue au plus proche des ascendants ou au plus proche des collatéraux. Mais il pourra

(1) *Des successions*, t. I, n° 364, p. 168.

arriver, dit-on, que tous les biens d'une ligne passent ainsi
dans une autre? Cela est possible, mais il n'y a pas lieu
de s'en occuper, car « la loi, dit l'art. 732, ne considère
ni la nature ni l'origine des biens pour en régler la succession. » Aussi n'est-ce pas le désir d'éviter cette dévolution des biens d'une ligne à l'autre qui a fait conserver
par le Code Napoléon la division entre les lignes paternel-
les et maternelles. Le véritable motif était de seconder
l'esprit du temps qui, selon l'énergique expression de Maleville, était d'assurer *le morcellement éternel des héritages...*
Voilà pourquoi notre Code a conservé le malheureux système des *fentes...* Nous tenons aussi beaucoup au morcellement de la propriété ; mais néanmoins, dans une matière
qui doit être surtout dominée par la recherche de l'affection probable du défunt, nous ne pensons pas qu'il soit
légitime de se laisser déterminer par une considération
purement politique et utilitaire. Aussi, mieux inspiré à tous
les points de vue, le Code italien a compris que, en tenant
compte des affections présumées du défunt, il fallait attribuer la succession au plus proche des collatéraux qui
exclurait ainsi tous les autres.

Mais le Code italien est allé plus loin encore, et a pareillement repoussé toute division lorsque la succession est
déférée à des ascendants. Nous avons vu, en effet, que dans
ce cas l'hérédité est attribuée pour moitié aux ascendants
de la ligne paternelle, et pour moitié aux ascendants de
la ligne maternelle, mais que si tous ces ascendants ne

sont pas au même degré, l'hérédité est attribuée au plus proche sans distinction de ligne (art. 739).

Le Code Napoléon avait au contraire admis la division, c'est-à-dire *la fente* entre la ligne paternelle et la ligne maternelle; mais il avait formellement repoussé la *refente* (art. 746, C. Nap.). M. Rodière, qui se prononce chaleureusement contre le système des *fentes* lorsqu'il s'agit des collatéraux, préconise au contraire ce système lorsqu'il s'agit des ascendants, et réclame même pour eux l'établissement de la *refente.*

« Pourquoi, dit-il, lorsque le défunt a laissé du même côté, paternel ou maternel, un aïeul et un bisaïeul, mais de lignes différentes, ne pas admettre la subdivision? Le défunt ne devait-il pas des aliments à l'un et à l'autre? Celui qui a le plus besoin d'aliments n'est-ce pas même, selon les apparences, celui dont la tête est la plus chauve et qui a vu mourir le plus de générations!.... L'exclusion qui frappe le bisaïeul est donc injuste, et ce peuple héroïque de l'antiquité qui égala les Romains en bravoure et les surpassa en sagesse, le peuple de Lacédémone qui mesurait son respect pour les vieillards au nombre de leurs hivers, l'aurait sans doute trouvée sacrilége et impie (¹). »

D'abord les Lacédémoniens n'auraient guère pu se préoccuper de la question, puisque leur organisation sociale avait pour base un communisme assez brutal et que le respect

(¹) *Recueil de l'Académie de Législation,* loc. cit., p. 131.

officiel dont ils entouraient la vieillesse n'avait que la valeur d'une institution politique. En second lieu, il ne s'agit
pas de payer une dette alimentaire dont le principal et le
premier créancier serait d'ailleurs l'ascendant le plus proche. Quand le concours s'établit entre deux ascendants appartenant chacun à une ligne différente, et par conséquent
tout-à-fait étrangers l'un à l'autre, il est certain que le
défunt n'a jamais vécu à la fois avec tous deux, et son
affection doit être présumée avoir, de préférence, choisi le
plus proche. On ne pourrait admettre le système de la
fente et surtout de la refente, qu'à la condition de tendre
uniquement vers le *morcellement éternel* des héritages dont
parlait Maleville, et de méconnaître, pour atteindre ce but,
l'ordre naturel des affections. Aussi admettrions-nous tout
au plus une attribution en usufruit au profit des ascendants
qui seraient exclus par le plus proche.

VIII. Nous avons encore une remarque à faire touchant
la situation des frères consanguins et utérins. Cette situation
nous paraît plus équitablement réglée dans le Code italien
que dans le Code Napoléon. En effet, il n'est pas non plus
question, à leur égard, de partage entre les lignes paternelle et maternelle, partage qui a pour effet d'attribuer aux
frères germains une quotité évidemment trop forte, compa-
rée à celle que peuvent recueillir les utérins ou consanguins.
La loi décide que dans toutes les hypothèses où les frères
seulement consanguins ou utérins peuvent participer à une

succession, ils n'auront jamais droit qu'à la moitié de la portion qui leur reviendrait s'ils étaient germains (art. 740 § 2).

IX. Enfin le Code italien limite la successibilité au dixième degré de parenté. Le projet présenté au Sénat l'arrêtait au neuvième, et nous pensons avec M. Rodière (¹) qu'on aurait pu sans inconvénient fixer le huitième degré comme l'extrême limite du droit de succéder. Il est certain, en effet, qu'après un certain nombre de générations, les liens du sang sont bien relâchés, et qu'il est impossible de parler d'affection présumée.

X. Voilà comment la loi italienne a réglé la dévolution de la succession aux parents légitimes, et il est remarquable que sur presque tous les points ses décisions se sont trouvées conformes aux vœux émis par des jurisconsultes dont nous aimons toujours à citer les paroles. M. Batbie résumait ainsi les idées par lui émises sur cette matière :

« Suivant moi, pour suivre l'ordre probable des affections, il faudrait s'arrêter aux dispositions suivantes :

1° Supprimer la distinction entre les héritiers réguliers et irréguliers ;

2° Supprimer la fente entre les lignes paternelle et maternelle ;

3° Après la première classe d'héritiers, qui resterait com-

(¹) Loc. cit.

posée des enfants et descendants, la succession serait
déférée à la seconde classe composée des père et mère ou
autres ascendants en concours avec le conjoint survivant.
Viendraient ensuite les collatéraux suivant le rapprochement de leur degré de parenté (1). »

Nous allons voir que le Code italien a pareillement jugé
qu'il fallait supprimer toute distinction entre les héritiers
réguliers et irréguliers, et que dans toutes les hypothèses
il a assuré au conjoint survivant une position honorable.

---

(1) *Correspondant*, loc. cit. p. 107.

§ 2.

I. Dans le Code Napoléon l'enfant naturel reconnu et le conjoint survivant ne sont admis à participer à la succession qu'au titre d'héritiers irréguliers, c'est-à-dire après les collatéraux au douzième degré. Tout le monde est d'accord pour considérer ces dispositions comme méconnaissant les affections les plus certaines du défunt. Aussi le Code italien a-t-il admis que l'enfant naturel et le conjoint survivant seraient préférés à certains collatéraux.

Voyons d'abord comment ont été fixés les droits de l'enfant naturel reconnu.

Art. 744. « Si les enfants naturels reconnus concourent avec des enfants légitimes ou descendants d'eux, ils ont droit à la moitié de la portion qui leur reviendrait s'ils étaient légitimes. »

Le Code Napoléon ne leur accorde que le tiers. « Cette part nous semble bien mince, disait avec raison M. Rodière, et sans ternir en rien l'honneur si respectable du lit conjugal, on aurait pu l'augmenter un peu et le porter à la moitié de ce que l'enfant aurait eu si la légitimité avait décoré son berceau (1). »

Lorsque le père de l'enfant naturel n'a pas laissé de descendance légitime, mais son père et sa mère, ou l'un des deux, ou un autre ascendant, ou même son conjoint, les enfants naturels recueillent les deux tiers de l'hérédité, l'autre tiers est dévolu soit aux ascendants, soit au conjoint survivant. Si les enfants naturels concourent en même temps avec les ascendants et le conjoint survivant, le tiers de l'hérédité est attribué aux ascendants, le quart au conjoint, et le reste aux enfants naturels (art. 745).

Ces derniers doivent d'ailleurs imputer sur la portion qui leur revient tout ce qu'ils ont reçu de leur auteur et qui serait sujet à rapport, sans pouvoir aucunement être dispensés de cette imputation (art. 746).

II. Quand le défunt n'a laissé ni descendants légitimes, ni ascendants, ni son conjoint, l'hérédité appartient toute entière aux enfants naturels (art. 747).

Nous approuvons de tout point cette préférence accordée aux enfants naturels sur tous les collatéraux sans exception ; elle est la traduction exacte de l'affection probable du défunt, car il n'est pas de père qui ne préfère ses enfants, même naturels, à tous ses parents collatéraux, quel-

(1) Recueil de l'Académie, loc. cit. p. 135.

que rapprochés qu'on les suppose, quand même il s'agirait de frères ou sœurs.

III Le Code italien s'est occupé dans la même section de la succession de l'enfant naturel lui-même. S'il est décédé sans enfants ni conjoint survivant, sa succession est dévolue en entier à celui de ses auteurs qui l'a reconnu, ou pour moitié au père et à la mère s'il a été reconnu par tous deux (art. 750).

Si dans la même hypothèse il a laissé en même temps son conjoint, le conjoint recueille la moitié de la succession, et l'autre moitié est déférée au père et à la mère, ou à celui des deux qui l'a reconnu (art. 751).

La loi italienne se borne aux dispositions que nous venons de reproduire. Il résulte de là :

1° Que les ascendants légitimes des père et mère naturels ne sont jamais appelés à la succession de l'enfant ;

2° Que les frères et sœurs légitimes de l'enfant naturel ne lui succèdent pas davantage ; qu'ils ne peuvent pas même recueillir les biens advenus à ce dernier du chef de l'auteur commun, quoique le Code Napoléon ait admis cette espèce de retour (art. 766 C. Nap.)

M. Rodière voudrait au contraire que la loi admît les ascendants et les frères et sœurs à recueillir complètement l'hérédité de l'enfant naturel (1). Mais il nous semble qu'une

(1) Recueil de l'Académie de Législation, loc. cit., p. 136-137.

telle solution irait directement contre la règle, qui consiste à rechercher avant tout l'affection présumée du défunt ; qu'elle introduirait une exception peu motivée au principe que le droit de succession doit être réciproque, et qu'enfin elle méconnaîtrait ouvertement cette vérité indivisible, que les effets légaux de la parenté naturelle doivent être rigoureusement limités aux père et mère de l'enfant.

Passons maintenant à l'examen des mesures adoptées par la loi italienne en vue de sauvegarder les droits de l'époux survivant.

« Quand le défunt, dit l'art. 753, laisse des enfants légitimes, son conjoint survivant a droit à l'usufruit d'une portion héréditaire égale à celle de chaque enfant, en comptant le conjoint lui-même au nombre des enfants. Si des enfants naturels concourent avec les légitimes, l'usufruit du conjoint survivant est d'une portion d'enfant légitime. Cependant cette portion ne pourra, dans aucun cas, dépasser le quart de l'hérédité. »

« S'il n'y a pas d'enfants légitimes, mais des ascendants, ou des enfants naturels, ou des frères ou sœurs ou descendants d'eux, le tiers de l'hérédité est dévolu en toute propriété au conjoint survivant. Néanmoins, si ce dernier concourt en même temps avec des ascendants légitimes et des enfants naturels, il n'a plus droit qu'au quart de l'hérédité (art. 754). »

« Si le défunt n'a laissé que des collatéraux, le conjoint recueille les deux tiers de l'hérédité. Mais si les collatéraux sont au-delà du 6ᵉ degré, le conjoint recueille l'hérédité entière (art. 755). »

« Le conjoint survivant en concours avec d'autres héritiers, doit imputer sur sa portion héréditaire ce qu'il a acquis par l'effet des conventions matrimoniales et des gains dotaux (art. 756). »

Enfin : « les droits de succession accordés au conjoint survivant sont refusés à celui contre qui le défunt avait obtenu un jugement de séparation de corps passé en force de chose jugée (art. 757). »

Telles sont les mesures vraiment libérales adoptées par la loi italienne en faveur de celui dont la destinée avait été associée à celle du défunt, et qui a eu la douleur de lui survivre.

On sait que le Code Napoléon présente à cet égard une déplorable lacune ; mais on sait aussi que cette lacune tient à une méprise, et il y aurait mauvais goût, il y aurait surtout injustice à reprocher aux illustres rédacteurs de notre loi civile une inadvertance bien facile à comprendre et bien excusable chez ceux qui ont entrepris de donner une législation nouvelle à un grand peuple. Ce qui est moins facile à comprendre, et ce qui est moins excusable, c'est l'inconcevable inertie de tous ceux qui, depuis la promulgation du Code, ont eu l'initiative de la proposition des lois !... Seul, M. Bourzat fit à l'Assemblée législative, en 1850, une proposition tendant au rétablissement de la *quarte pauvre*. Mais les événements ne permirent pas d'y

donner suite. Sans doute la mesure proposée par M. Bourzat
n'était pas suffisante, mais il sera toujours pour lui infiniment honorable d'avoir songé, au milieu des agitations
politiques, qu'il était temps enfin d'accorder une tardive
garantie aux droits méconnus de l'époux survivant.

Nous disons que le rétablissement de la *quarte pauvre*
n'était pas une mesure suffisante, parce que cette institution,
quoique empruntée au Droit romain, rappelait trop l'esprit
de l'ancien régime, qui croyait avoir fait tout ce qu'il fallait
pour l'individu quand il avait organisé l'aumône. Il fallait
prendre d'autres moyens plus généraux et plus efficaces,
car, suivant la juste remarque de M. Rodière, « la loi doit
faire leur part aux sentiments de délicatesse, et ne pas faire
acheter au conjoint survivant un secours au prix d'une
humiliation (1). »

Aussi, nous devons reconnaître qu'il était difficile d'assurer mieux que ne l'a fait le Code italien, les droits de
l'époux, et que les dispositions qu'il contient à cet égard
méritent d'être proposées comme modèle.

Mais fallait-il restreindre les effets de l'alliance aux seuls
conjoints? M. Rodière estime que non; il croit qu'à défaut
de parents jusqu'au degré successible, et à défaut de conjoint survivant, les alliés, au moins les alliés en ligne
directe, devraient être appelés à la succession (2)... Il
paraît difficile de justifier cet aperçu par l'affection pré-

(1) *Recueil de l'Académie de Législation*, p. 142, note.
(2) *Loc. cit.*, p. 143.

sumée du défunt, du moins par ce genre d'affection qui serait susceptible de déterminer de la part du défunt une telle attribution de son hérédité.

V. Enfin, à défaut de diverses personnes appelées à succéder par application des règles qui viennent d'être exposées, la loi italienne comme la loi française défère l'hérédité au domaine de l'Etat (art. 758).

M. Rodière n'approuve pas le choix de ce successeur. « La vocation de l'Etat à l'hérédité a, dit-il, l'inconvénient de favoriser la principale utopie socialiste qui consiste à supposer à l'Etat une sorte de propriété primitive dont la propriété privée ne serait qu'une dérivation... De plus, cette vocation de l'Etat ne paraît guère conforme à l'intention présumée du défunt... Aussi, ce serait plutôt la commune qui devrait être appelée à recueillir la succession en déshérence (1). »

Ces raisons ne paraissent pas suffisantes pour faire abandonner les anciennes traditions. Quand le défunt ne laisse ni parents ni conjoint, il ne s'agit plus de rechercher quelles pouvaient être ses affections, car on pourrait lui en supposer de tous les genres sans grand effort d'imagination. Il ne s'agit que de constater un fait : la disparition d'un propriétaire qui ne laisse pas de successeurs ; les biens qu'il a laissés sont désormais sans maître ; les abandonner au pre-

(1) *Recueil de l'Académie de Législation*, loc. cit., p. 143, 144, 145.

mier occupant, ce serait décréter le désordre ; les attribuer
à la commune serait une disposition arbitraire qui ne pro-
fiterait guère qu'aux grandes cités ; les vrais principes
veulent qu'ils soient attribués à tout le monde, c'est-à-dire
qu'ils entrent en ligne de compte dans les recettes de l'Etat,
et concourent ainsi au dégrèvement des charges publiques.
Prétendre qu'une telle décision favorise les utopies socia-
listes, c'est évidemment céder à une terreur sans motif, car
déclarer que les biens vacants et sans maîtres appartiennent à l'Etat, ce n'est pas du tout reconnaître à l'Etat un
droit antérieur et supérieur aux droits individuels.

§ 3.

I. Après avoir tracé les règles concernant la succession légitime, le Code italien s'occupe de la succession testamentaire, et traite tout d'abord de la capacité pour tester et des formes des divers testaments. Les dispositions concernant cette matière ne sont pas de nature à nous arrêter; elles n'ont, en effet, donné lieu à aucune innovation considérable, si ce n'est à celle qui résulte de l'art. 764, § 2.

D'après cet article, les fils immédiats d'une personne déterminée, vivante au moment de la mort du testateur, peuvent recevoir par testament, quoique n'étant pas encore conçus à ce moment. Cette dérogation au principe qui requiert la conception au moment du décès doit être approuvée, puisqu'elle donne plus de latitude au testateur.

Mais la section IV du titre *des Successions,* concernant la réserve et la quotité disponible, devra, au contraire, être l'objet d'un examen approfondi.

II. Et d'abord le Code italien devait-il, à l'exemple du Code Napoléon, admettre le principe d'une réserve en faveur de quelques héritiers ?...

Ce n'est pas sans une certaine émotion que nous posons une telle question, et que nous entreprenons de défendre des vérités qui paraissaient à l'abri de toute attaque. Mais il s'est formé, en France, une coalition entre ceux qui ont regret à l'ancien ordre de choses, et certains publicistes et économistes ; et tous ensemble, au nom de la liberté de la propriété, au nom des droits du père de famille, dans l'intérêt du progrès agricole et de la grande industrie, ont réclamé à grands fracas, l'abrogation de la réserve et la liberté de tester !

Ce serait donc en vain que depuis plus d'un demi-siècle, une jurisprudence énergique et vraiment libérale s'est efforcée de faire pénétrer dans les habitudes privées les principes de justice et d'égalité inaugurés par le Code Napoléon !... Ce serait donc en vain que les fraudes auraient été réprimées, les iniquités domestiques réparées, les actes simulés impitoyablement annulés !... Tout cela, peine perdue, labeur inutile !... Il faudrait reconnaître que, durant soixante ans, la magistrature française a joué le rôle de Sisyphe ; et se résigner à voir bientôt la lourde masse des vieux préjugés retomber de tout son poids pour écraser les familles!...

En Italie, la liberté absolue de tester a été aussi réclamée par quelques écrivains et par les mêmes raisons que celles invoquées en France. Voyons donc quelles peuvent être ces raisons si graves; mais tout d'abord recherchons quel est le vrai fondement juridique de la réserve.

III. Quelques jurisconsultes économistes assignent pour base à la réserve l'*obligation alimentaire ;* M. Batbie, qui s'est déclaré partisan et défenseur de la réserve, a résumé cette opinion avec une grande clarté :

« Les parents, dit-il, sont tenus à la dette alimentaire envers leurs enfants ou descendants, et ces derniers sont réciproquement obligés de fournir des aliments à leurs ascendants. Or, la dette alimentaire est un rapport d'obligation qui s'éteint à la mort de ceux qui la doivent. La réserve a été instituée pour la perpétuer après la mort des débiteurs d'aliments; elle correspond à l'obligation naturelle qui lie les ascendants aux descendants et réciproquement... La réserve, en transmettant une portion du patrimoine, est la manière la plus complète dont puisse être remplie l'obligation de fournir des aliments qui est la conséquence de la paternité (1). »

Cette théorie, en apparence favorable à la réserve,

_____

(1) *Correspondant, loc. cit.* p. 103.

pourrait aisément en devenir la négation. Si la réserve n'est
autre chose que la créance alimentaire continuée, on pourra
facilement la réduire à la proportion de simples aliments,
c'est-à-dire conserver le nom et détruire la chose. M. Batbie,
qui a prévu l'objection, ne recule pas, en effet, devant la
conséquence extrême que nous signalons : « Ne pourrait-
on pas objecter, dit-il, que l'obligation alimentaire est dé-
passée par l'institution de la réserve? *Je ferai observer que
ce n'est qu'une question de mesure, non de principe*. JE COM-
PRENDRAIS QUE, d'après cette objection, ON DEMANDAT LA
RÉDUCTION DE LA PORTION RÉSERVÉE; mais cet argument ne peut
pas aller jusqu'à faire condamner l'institution (¹). » Cela
est-il assez clair? Et que pourraient demander de plus les
partisans de la liberté absolue de tester?... La réserve
pourrait donc être réduite à une portion alimentaire, car
ce n'est là *qu'une question de mesure ;* c'est-à-dire que la
condition faite aujourd'hui par le Code aux enfants adultérins pourrait être généralisée et étendue aux enfants
légitimes !...

Aussi repoussons-nous énergiquement une telle doctrine;
il n'y a et il ne doit y avoir aucun rapport entre la réserve
et la dette alimentaire. « Sans doute, dit M. Demolombe, il est
très-vrai que la réserve a été établie dans l'intérêt particulier
de ceux des parents auxquels elle est attribuée; mais à un
point de vue plus élevé elle apparaît comme une institution

(¹) *Ibid.*

12

d'intérêt général, dont le but est de maintenir toujours, dans une convenable mesure, la transmission héréditaire des biens, *qui est le moyen le plus énergique de la conservation des familles*, et par conséquent de la conservation de la société elle-même tout entière (¹). » Voilà le véritable point de vue : la famille, comme toutes les institutions, est soumise à des conditions d'existence.

Ces conditions d'existence sont :

1° La propriété individuelle ; l'établissement de la propriété collective ou du communisme détruirait radicalement la famille ;

2° Le mariage indissoluble ; le divorce est également destructif de la famille ;

3° La transmission des biens assurée par la réserve ; que deviendrait en effet la famille si une telle assurance n'existait pas ?

La réserve a donc son fondement juridique dans l'existence même de la famille, dont elle constitue l'une des conditions essentielles.

Pour déterminer le montant de cette réserve, on pourra avoir égard aux habitudes sociales, au nombre des enfants, en un mot, à telle ou telle considération ; mais il y a une considération, une seule, qu'il faudra toujours écarter : la considération de la dette alimentaire, car elle est l'opposé contradictoire de la réserve. Et c'est précisément parce

(¹) Donations et testaments, t. 1, n° 7, p. 9.

qu'on ne pouvait pas accorder de réserve aux enfants adultérins qu'on s'est borné à leur accorder des aliments !...

IV. Voilà quelle est la nature et la base de la réserve ; voyons maintenant quelles sont les objections qui ont été produites contre cette institution :

La première objection est tirée du caractère absolu du droit de propriété qui doit avoir pour conséquence la liberté de tester.

Voici la réponse :

Il est de l'essence de tout droit d'être, non pas limité, mais *délimité*, c'est-à-dire circonscrit dans sa sphère légitime d'action. Il s'agit donc de rechercher quelles sont les limites *naturelles et nécessaires* du droit de propriété; le raisonnement suivant nous les fait connaître en ce qui touche le droit de tester :

1° La propriété individuelle a pour corollaire la famille; c'est-à-dire que la suppression de la famille entraînerait la suppression de la propriété individuelle, de même que la suppression de la propriété individuelle entraînerait celle de la famille ;

2° Donc le droit de propriété individuelle a pour limite tout exercice abusif qui compromettrait l'existence de la famille, sinon la propriété se détruirait elle-même comme institution (¹) ;

(¹) On insiste souvent sur cette idée que la propriété comprend au nombre de

3° Or, sans la réserve, la famille manquerait de la cohésion nécessaire;

4° Donc la réserve, bien loin de diminuer le droit de propriété, est au contraire une *condition intégrante de ce droit,* puisqu'elle maintient la famille et que la famille, à son tour, maintient la propriété.

Deuxième objection contre la réserve : *Le droit à la réserve est destructif de l'autorité paternelle...*

Cela est radicalement faux; du moment qu'il est démontré que la réserve est une condition essentielle de l'existence de la famille, il ne se peut pas qu'elle soit destructive de l'autorité paternelle. Nous nous sommes d'ailleurs expliqué plus haut sur cet affaiblissement prétendu de l'autorité paternelle et nous n'y reviendrons pas. La vérité est que l'institution de la réserve n'est ni contraire, ni favorable à l'autorité paternelle; il n'y a pas de rapport nécessaire entre ces deux idées. Seulement, il est certain que la proclamation de la liberté absolue de tester inaugurerait dans les familles le règne de l'hypocrisie et encouragerait les calculs les plus vils. De plus, il est juste de reconnaître que, vis-à-vis de ses enfants, le père de famille conserve toujours, dans le droit d'attribuer à qui bon lui semble la quotité disponible, un frein bien suffisant. D'ailleurs, que ce

ses éléments le *jus abutendi* ; cela est vrai, et signifie seulement que le propriétaire peut disposer de sa chose comme il l'entend, et, au besoin, même la détruire ; mais cela ne signifie pas qu'il aurait la faculté d'exercer son droit de propriété de manière à compromettre l'existence même de la propriété considérée comme institution.

frein soit suffisant ou ne le soit pas, là n'est pas la question. Ce n'est pas dans la réglementation des réserves que la loi doit chercher le moyen d'assurer le respect dû au chef de la famille.

Troisième objection contre la réserve: Elle est un obstacle à la grande culture et au développement de la grande industrie, à cause des partages en nature qu'elle rend périodiquement nécessaires.

Sur ce point les économistes ne sont pas d'accord; les uns, en effet, repoussent la réserve parce qu'ils la considèrent comme réellement contraire à la grande culture. Mais les autres l'admettent parce qu'ils ne croient pas qu'elle puisse lui nuire. Cette dernière opinion doit être aussi radicalement condamnée que la première; elle implique, en effet, qu'il faudrait, le cas échéant, sacrifier la réserve à la grande culture; c'est-à-dire que la solution d'une question de morale sociale devrait être subordonnée à des théories agricoles ou industrielles fort contestables.

Qu'est-ce en effet que cette grande culture dont on parle tant? C'est d'abord un danger pour l'égalité; c'est de plus la diminution forcée du nombre des propriétaires, l'asservissement progressif du travail, l'absorption finale de l'individu; telle est la condition de la Russie et de quelques autres Etats aussi civilisés. *Latifundia perdidere Italiam!...*

La petite ou moyenne culture est au contraire la dignité de l'individu, le véritable champ d'honneur du travail, la condition des vertus viriles et civiques... Mais les puissantes

machines, les procédés nouveaux, comment pourraient-ils
être appliqués avec la petite culture et arriver à bannir la
routine?... Patience... L'association communale y pourvoira
un jour. Lorsque chaque commune sera munie d'un mobilier agricole, composé d'après les derniers résultats fournis
par la science expérimentale, on verra combien la petite
culture est destinée à l'emporter sur la grande... Nous
remarquerons d'ailleurs qu'il suffit de modifier certaines
règles concernant les rapports et partages pour faire disparaître tous les inconvénients dont se plaignent les partisans de la grande culture.

V. Voilà donc à quoi se réduisent les objections produites contre l'institution de la réserve; récapitulons maintenant les avantages qu'elle nous assure :

1° Elle maintient entre les enfants une égalité suffisante;
voilà pourquoi elle est attaquée par les partisans des vieux
priviléges;

2° Elle est un obstacle à des libéralités excessives qui,
si elles n'existaient pas, iraient enrichir, aux dépens des
familles, les établissements de main-morte; voilà pourquoi
elle est attaquée par tous ceux qui préfèrent ces établissements à la famille;

3° Elle serait, selon quelques-uns, un obstacle à la grande
culture; voilà pourquoi elle est attaquée par les partisans
quand même de la grande culture, qui peut si facilement
devenir un danger pour la liberté et l'égalité...

Si à tous ces avantages on ajoute que la réserve forme, avec *le mariage indissoluble*, la pierre angulaire de la famille, on aura vraiment de la peine à comprendre qu'on ait osé porter une main téméraire sur une telle institution.

Le principe de la réserve étant ainsi justifié et admis, il faut maintenant examiner une autre question qui se présente tout d'abord à l'esprit :

VI. La réserve doit-elle être fixée d'une manière immuable, ou bien doit-elle varier suivant le nombre des enfants ou des ascendants?

Les rédacteurs du Code italien, après avoir examiné scrupuleusement la difficulté, se sont prononcés pour une réserve toujours invariable, fixée à la moitié du patrimoine pour les enfants, et au tiers pour les ascendants.

Les motifs d'une semblable décision ne manquent pas d'une certaine force.

La loi du 24 germinal an VIII avait complètement adopté des réserves toujours calculées d'après le nombre des enfants; ainsi le père pouvait disposer du quart de ses biens s'il laissait moins de quatre enfants; du cinquième s'il en laissait quatre; du sixième s'il y en avait cinq, et ainsi de suite, en comptant toujours, pour déterminer la portion disponible, le nombre des enfants plus un. L'inconvénient de ce système est manifeste, car le nombre des enfants pourrait augmenter de manière à rendre la quotité disponible tout-à-fait illusoire.

Aussi le Code Napoléon n'a-t-il pas voulu pousser aussi loin la proportionnalité, et en la limitant comme il l'a fait, on peut dire qu'il a consacré un système mixte. Les rédacteurs du Code italien ont trouvé qu'une telle solution n'atteignait pas le but proposé et n'était pas en harmonie avec l'idée de proportionnalité qui lui servait de base. C'est pourquoi ils ont préféré adopter une quotité fixe. Ils se sont ainsi rapprochés de la théorie du droit coutumier français; on sait en effet que la coutume de Paris (art. 298) tenait en quelque sorte la balance égale entre le droit du père et la réserve des enfants.

Ce système est en réalité plus logique et surtout plus simple. Néanmoins, nous ne penserions pas qu'il fût convenable de modifier sur ce point le Code Napoléon; la proportion qu'il a établie est acceptée de tout le monde; on peut dire qu'elle est entrée dans nos mœurs, et en définitive elle n'engendre aucun inconvénient sérieux.

VII. Quoi qu'il en soit, voyons maintenant comment le nouveau Code italien a réglementé la réserve.

La réserve est fixée à la moitié pour tous les enfants légitimes, légitimés ou adoptifs et descendants d'eux (art. 805 et 806).

A défaut de descendants, la réserve, qui est alors du tiers, appartient par égale part au père et à la mère, ou en entier à celui des deux qui a seul survécu au fils. A défaut du père et de la mère, s'il y a des ascendants dans la ligne pater-

nelle et dans la ligne maternelle, la réserve appartient pour
moitié aux uns et pour l'autre moitié aux autres, s'ils sont
tous au même degré ; mais s'ils sont à des degrés inégaux,
elle appartient en entier aux plus proches de l'une ou de
l'autre ligne (art. 807).

Enfin, l'art. 808 déclare expressément que la réserve ou
portion légitime, car c'est cette expression qui est toujours
usitée, constitue une quote de l'hérédité (*quota di eredità*);
et ainsi se trouvent évitées toutes les difficultés que l'absence d'une telle précision a suscitées en droit français.

Le Code italien fixe ensuite les droits du conjoint survivant et des enfants naturels.

Si le défunt a laissé des enfants, le conjoint survivant,
pourvu qu'il n'y ait pas contre lui sentence de séparation
de corps passée en force de chose jugée, a droit à une
portion en usufruit égale à celle qui reviendrait à titre de
légitime à chacun des enfants, en comptant le conjoint lui-
même au nombre des enfants (art. 812).

Si le testateur ne laisse que des ascendants, la part réservée au conjoint survivant est du quart en usufruit (art.
813). Cette part est du tiers en usufruit si le testateur ne
laisse ni ascendants ni descendants (art. 814).

Nous remarquons que la portion légitime du conjoint
survivant lui est toujours attribuée en usufruit, alors que
quelquefois, lorsqu'il s'agit de la part héréditaire qu'il est
appelé à recueillir *ab intestat*, il est gratifié de la pleine propriété. Rien de plus sage et de mieux justifié que ces diffé-

rences. Quand il s'agit d'une succession *ab intestat*, on peut, en s'inspirant de la volonté probable du défunt, attribuer à son conjoint survivant, tantôt un simple usufruit, tantôt une part de propriété. Au contraire, s'il s'agit d'une succession testamentaire, on ne peut rationnellement attribuer au conjoint survivant que le défunt aurait voulu écarter qu'une part en usufruit; et de cette manière les biens ne seront jamais à sa disposition, ainsi que l'avait voulu le testateur.

Passons maintenant aux enfants naturels reconnus.

Fallait-il leur accorder une réserve? C'est là une bien grave question, disait le rapporteur, M. Vacca, en présentant au Sénat le projet du troisième livre; il s'agit en effet de concilier le respect dû à la dignité du mariage et de la légitimité avec les droits imprescriptibles de la nature et du sang.

C'est l'opinion qui a prévalu en France parmi les interprètes les plus autorisés qui a été adoptée en Italie. C'est-à-dire que, d'après le nouveau Code, l'enfant naturel reconnu a droit à une réserve. C'est précisément la part qui lui est attribuée dans la succession *ab intestat* qui forme sa réserve, laquelle, par conséquent, consiste dans la moitié de la part qui lui aurait été attribuée s'il eût été légitime. Pour calculer cette part, il faudra compter aussi les enfants légitimes (art. 815). Néanmoins, à défaut d'ascendants et de descendants, il ne peut réclamer à titre de réserve que les deux tiers de la portion qui lui aurait été due s'il eût été légitime (art. 816), alors que dans la même hypothèse il eût pu recueillir la totalité de l'hérédité s'il se fût agi d'une succession *ab intestat* (art. 747).

Il faut de plus remarquer que, soit lorsqu'il s'agit de la succession testamentaire, soit lorsqu'il s'agit d'une succession *ab intestat*, les enfants légitimes ont le droit de faire sa part à l'enfant naturel en argent ou en immeubles justement estimés (art. 744 § 2, et 815 § 2). De sorte que la réserve de l'enfant naturel constitue à la fois un droit de créance et une quote de l'hérédité.

Enfin, pour terminer ce qui a trait à cet ordre d'idées, nous devons mentionner l'importante disposition de l'article 818, ainsi conçu :

« La réserve due au conjoint survivant et aux enfants naturels, ne peut en aucune manière diminuer la réserve appartenant aux descendants ou ascendants légitimes; elle constitue en quelque sorte un retranchement opéré sur la quotité disponible. »

§ 4.

I. Les dispositions du Code italien concernant les institutions d'héritiers et les legs, sont assez nombreuses. La loi italienne est entrée au sujet des personnes et des choses qui peuvent figurer dans un testament, comme aussi au sujet des dispositions elles-mêmes et de leurs effets, dans plus de détails que la loi française ; mais nous ne relèverons que les points les plus importants.

Nous voyons d'abord que l'art. 849 reproduit, à l'égard des testaments, la règle de l'art. 900 du Code Napoléon. Il déclare que dans les testaments les conditions impossibles, celles contraires aux lois et aux bonnes mœurs sont réputées non écrites. Mais pour les donations, l'art. 1065 les déclare frappées de nullité quand elles sont faites sous une condition impossible, ou contraire à la loi ou aux bonnes mœurs. En distinguant ainsi entre les donations et les testaments quant aux effets des conditions prohibées, la loi italienne a donné satisfaction à quelques réclamations assez spécieuses que le plus grand nombre des juriscon-

sultes français n'a pas hésité à formuler. Il s'est même
trouvé quelques écrivains qui ont donné à leurs critiques
du Code Napoléon la forme la plus inconvenante. Disons
tout de suite, au moins pour ces derniers, qu'ils ne com-
prenaient pas la disposition qu'ils critiquaient.

D'abord, il faut remarquer que l'art. 900 du Code Napol.
parle, non pas des conditions *contraires aux bonnes mœurs*,
mais, ce qui est bien différent, des conditions *contraires aux
mœurs*, c'est-à-dire *aux mœurs publiques actuelles*, telles
que les ont faites les idées et les principes politiques qui
ont triomphé en 89. Pour se convaincre que l'art. 900 n'a
pas d'autre portée, il suffit d'étudier l'histoire du principe
qu'il consacre.

La loi des 5 et 12 septembre 1791, qui s'applique aux
donations comme aux testaments, était ainsi conçue :

« Toute clause impérative ou prohibitive qui serait contraire aux lois ou aux bonnes mœurs, qui porterait atteinte
à la liberté religieuse du donateur, héritier ou légataire,
gênerait la liberté qu'il a, soit de se marier avec telle personne, soit d'embrasser tel état, emploi ou profession, ou
qui le détournerait de remplir les devoirs imposés, et
d'exercer des fonctions déférées par la Constitution aux
citoyens actifs et éligibles, est réputée non écrite. »

Et maintenant si l'on veut savoir quels étaient les abus
qu'il s'agissait de réprimer par cette loi, on les trouvera
énumérés dans la motion d'ordre sur laquelle fut votée la
loi du 12 septembre 1791 :

« C'est le moyen, lit-on dans cette motion, d'arrêter les effets malheureux de l'intolérance civile et religieuse, c'est le besoin de poser de justes bornes aux préjugés et au despotisme de quelques citoyens qui, ne pouvant se plier aux principes de l'égalité politique et de la tolérance religieuse, proscrivent d'avance, par des actes protégés par la loi, l'exercice des fonctions publiques, l'union de leurs enfants avec des femmes qu'ils appellent roturières, ou avec des personnes qui exercent un autre culte religieux, ou qui ont une autre opinion politique.... C'est ainsi qu'ils écrivent la défense ou la condition de se marier à telle ou telle personne, à une femme de telle ou telle classe, de telle ou telle religion. »

Or, pour empêcher de pareils abus, que fallait-il faire ? Convenait-il de prononcer la nullité de toutes les dispositions faites sous de semblables conditions, ou devait-on se borner à déclarer seulement ces conditions non écrites ?

Si l'on avait prononcé la nullité absolue, ceux qui, sans intention sérieuse de donner, voulaient seulement réagir contre les institutions nouvelles, auraient eu intérêt à insérer dans de prétendues donations les conditions prohibées, car il y avait une chance pour qu'elles fussent exécutées, et dans le cas d'annulation l'inconvénient eût été médiocre puisqu'il n'y avait pas eu véritablement *animus donandi*.

En déclarant, au contraire, simplement non écrites ces mêmes conditions, on empêchait ceux qu'animaient surtout des vues politiques hostiles de persister dans leurs tentatives ; l'événement devait en effet tromper souvent leur attente, puisque le bénéficiaire pouvait toujours réclamer la libéralité, sans obéir à la condition.

Quant à ceux qui ayant réellement et principalement l'intention de donner se laissaient aller à insérer des clauses peu en harmonie avec les idées modernes, il n'y avait pas de difficulté à maintenir la libéralité, sans tenir compte des clauses accessoires.

Ainsi donc la saine perception du but à atteindre montrait clairement le moyen à employer. Voilà pourquoi la loi du 12 septembre 1791 déclara non écrites les conditions qu'elle voulait empêcher. La loi du 17 nivôse an II reproduisit absolument les mêmes règles.

Le Code Napoléon adopta à son tour l'esprit de ces lois, et voilà pourquoi il parle des conditions contraires *aux mœurs* et non pas *aux bonnes mœurs*. Mais malheureusement il a étendu, par inadvertance, aux conditions *physiquement impossibles*, une solution qui n'était légitime que pour les conditions illicites. Voilà le seul côté défectueux de l'art. 900, et, malgré ce défaut, nous devons encore le considérer comme un des plus importants et des plus remarquables, comme un de ceux qui donnent au Code Napoléon sa véritable physionomie, comme un de ceux qui ont le plus servi à fonder et à garantir l'égalité et la liberté civiles. Ne perdons pas de vue, en effet, que la force de cet article réside tout entière dans sa portée préventive ; et qui pourra jamais dire combien, sans nuire à la liberté de disposer, il a empêché jusqu'à ce jour et il empêche encore des clauses étranges et contraires à notre droit public (¹)? Aussi le législateur italien qui avait à prévoir les mêmes dangers, aurait dû insérer, dans son nouveau Code, la disposition de l'art. 900, en se bornant à retrancher du texte la mention des *conditions impossibles.*

II. Nous n'avons rien de particulier à dire sur les effets des legs et leur exécution. Les principes adoptés par les jurisconsultes italiens sont en général les mêmes que ceux du Code Napoléon. Mais en ce qui concerne la révocation et la caducité, nous avons remarqué plusieurs innovations qui, par une juste réciprocité, seront un jour, nous l'espérons, empruntées à l'Italie.

Ainsi, la révocation pour cause de survenance d'enfants, admise pour les donations seulement par notre Code Napoléon, a été étendue par le Code italien aux dispositions testamentaires. L'article 888 déclare, en effet, que toute

(¹) L'une de ces clauses les plus audacieuses est celle par laquelle des donateurs subordonnent l'efficacité de fondations charitables à la condition que ces donations seront administrées à perpétuité par des commissions dont ils déterminent eux-mêmes la composition, les attributions, etc., contrairement à cet axiome de droit public que la volonté privée ne peut pas créer de personnes morales dans l'Etat. (L. 1, D. 3, 4. Quod cujuscumque universitalis). La validité d'une semblable clause a cependant été soutenue par M. Rozy, professeur agrégé, chargé du cours d'économie politique à la Faculté de droit de Toulouse. (Voy. *Journal du Droit administratif,* janv. 1866.)

disposition à titre universel ou particulier, faite par celui
qui, au moment du testament, n'avait ni enfants ni descendants, ou ne savait pas en avoir, sera révoquée de plein
droit par l'existence ou la survenance au testateur d'un
enfant ou descendant légitime, même posthume, légitimé
ou adoptif. La révocation a lieu alors même que le fils
serait déjà conçu au moment du testament; et s'il s'agit
d'un enfant naturel, quand même il aurait été reconnu par
le testateur avant le testament et légitimé depuis. Toutefois,
ajoute le même article, la révocation n'aura pas lieu dans
le cas où le testateur aurait prévu le cas de la survenance
ou de l'existence d'enfants.

Ces dispositions de la loi italienne sont un hommage aux
sentiments les plus vrais et les plus respectables du cœur
humain, et les économistes eux-mêmes, qui repoussent, en
matière de donation, la révocation pour cause de survenance d'enfants, parce qu'ils réprouvent toute cause
de résolution des droits réels, n'auraient pas, croyons-
nous, de raison pour vouloir la proscrire en matière de
dispositions testamentaires.

III. Nous avons encore une autre amélioration à mentionner.

L'article 890, après avoir posé la règle que toute disposition testamentaire est sans effet si le bénéficiaire n'a
pas survécu au testateur ou est devenu incapable, ajoute :

« Néanmoins, les descendants de l'héritier institué ou

13

du légataire prédécédé ou devenu incapable, sont admis à l'hérédité ou au legs, dans tous les cas où la représentation serait admise en leur faveur s'il s'agissait d'une succession *ab intestat*, à moins que le testateur ne l'ait autrement réglé, ou qu'il s'agisse d'un legs d'usufruit ou de tout autre droit attaché à la personne. »

Une telle innovation est justifiée par les plus graves considérations, que le rapporteur, M. Vacca, a éloquemment mises en lumière. En effet, la représentation dans les successions *ab intestat*, en même temps qu'elle est d'accord avec la volonté présumée du défunt, a pour effet de maintenir l'égalité entre les divers successibles. Or, lorsque deux fils, par exemple, ont été institués héritiers par leur père, et que l'un d'eux meurt ensuite avant le testateur, les mêmes raisons que dans le cas de succession *ab intestat* demandent que les enfants du prédécédé soient admis, par droit de représentation, à occuper sa place pour recueillir sa part dans la succession testamentaire. Sinon ils seraient réduits uniquement à leur portion de réserve, ce qui est manifestement contraire à la volonté probable du testateur, qui paraissait vouloir maintenir l'égalité entre ses enfants. Même raisonnement si nous supposons que les institués sont des frères du testateur et que l'un d'eux décède avant lui.

IV. Toutes les substitutions fidéicommissaires sont radicalement prohibées par le Code italien, qui n'a même pas

voulu admettre les dispositions permises par le Code Napoléon en faveur des petits-enfants du donateur ou testateur,
ou des enfants de ses frères et sœurs (art. 1048 à 1074
Code Nap.). Nous ne saurions assez approuver une telle
décision. Plus on a insisté pour justifier et défendre les
substitutions, même dans la limite restreinte où les a conservées le Code Napoléon, plus nous avons été convaincu
de leur danger et de leur inutilité. Le testateur peut
directement donner à ses petits-enfants déjà nés la quotité
disponible, ou toute son hérédité à ses neveux déjà nés,
sans avoir besoin de recourir à une substitution; si ces
enfants ou neveux ne sont pas encore conçus, ce sont alors
des êtres imaginaires, et la disposition ne peut s'expliquer
que par des tendances aristocratiques que le législateur ne
doit pas favoriser. D'ailleurs, au point de vue économique,
qui ne sait que les substitutions frappent toujours de
stérilité les biens qui en font l'objet? C'est donc avec raison
que le Code italien a été sur ce point plus radical que le
Code Napoléon. Nous approuvons surtout la manière dont
il a sanctionné ses prohibitions. L'article 896 de notre Code
déclare, en effet, que toute disposition par laquelle le
donataire, l'héritier institué ou le légataire, sera chargé de
conserver et de rendre à un tiers, sera nulle, même à
l'égard du donataire, de l'héritier institué ou du légataire.
Au contraire, l'article 900 du Code italien déclare que la
nullité de la substitution fidéicommissaire ne préjudiciera
en rien à la validité de l'institution. Aussi est-il permis

d'affirmer qu'on ne cherchera pas en Italie à éluder la loi, comme on le fait en France. En France, si la tentative ne réussit pas, on n'a pas à craindre que l'institué, qui ne devait être qu'un dépositaire, garde pour lui les biens donnés ; aussi est-on, par là même, encouragé dans une certaine mesure à chercher le moyen d'éluder la loi. En Italie, on ne voudra pas s'exposer à ce que l'institué profite de la libéralité, on devra toujours disposer franchement et ne pas chercher à ruser avec la loi.

Pour terminer ce qui a trait aux testaments, nous nous bornerons à citer l'art. 918, portant qu'un testament nul, mais réunissant d'ailleurs les conditions requises pour valoir comme acte notarié ordinaire, ne pourra avoir pour effet la révocation d'un testament antérieur. On sait que la question soulève quelque difficulté parmi les commentateurs du Code Napoléon, quoique la majorité des auteurs se soit prononcée comme l'a fait la loi italienne.

§ 5.

I. Il nous reste encore à apprécier, en matière de succession, des dispositions qui sont communes aux successions légitimes et testamentaires. Elles ont trait à l'ouverture d'une succession et aux conséquences diverses de cette ouverture, notamment le partage.

La succession ne s'ouvre, de même qu'en France, que par la mort naturelle. Mais que faut-il décider si plusieurs personnes respectivement appelées à la succession l'une de l'autre viennent à périr dans un même événement, sans qu'on puisse reconnaître laquelle est décédée la première ? On sait que sur ce point le Code Napoléon a admis des présomptions dont la base est peut-être un peu contestable, et que c'est une question de savoir si ces présomptions peuvent être suivies en dehors des successions *ab intestat*. Le Code italien a été, croyons-nous, mieux inspiré en supprimant toutes ces présomptions arbitraires, et en décla-

rant purement et simplement, par son article 924, que
celui qui soutiendra que le décès de l'une des personnes
mortes dans le même événement est antérieur au décès de
l'autre, devra le prouver, et qu'en l'absence de toute preuve
il faudra supposer que toutes sont mortes en même temps,
et que par suite il n'y a pas lieu à transmission de droits
de l'une à l'autre.

II. La succession ouverte peut être acceptée ou répudiée
de la même manière qu'en droit français. Mais les règles de
notre Code ont été améliorées sur certains points. Ainsi,
notre article 782 porte que si les héritiers de celui qui est
mort avant d'avoir pris un parti au sujet d'une succession à
lui échue, ne sont pas d'accord pour l'accepter ou pour la
répudier, la succession est de plein droit acceptée sous
bénéfice d'inventaire. On sait que cette décision produit
quelquefois de fâcheux résultats; ainsi, il peut arriver que
tel des héritiers qui voulait répudier pour conserver toute
sa part dans une donation faite par le *de cujus* à son auteur,
subisse un retranchement par l'effet du rapport auquel il
sera tenu comme héritier bénéficiaire forcé. La loi italienne
s'est abstenue d'imposer l'acceptation sous bénéfice d'inventaire. L'article 940 déclare que si les héritiers de l'habile
à succéder ne se mettent pas d'accord pour accepter ou
répudier la succession échue à ce dernier, la succession
avec ses avantages et ses charges, appartiendra en entier à
ceux qui veulent accepter, et que ceux qui veulent répudier

y demeureront étrangers de tout point. En statuant ainsi, la loi donne satisfaction à chacune des opinions différentes qui peuvent se produire parmi les intéressés. Enfin, l'article 943 déclare que la faculté d'accepter une hérédité se prescrit par trente ans. C'est, on le voit, en supprimant les mots : *ou de répudier*, de notre art. 789, que la loi italienne a terminé la controverse que soulève cette dernière disposition. Il nous semble toutefois que la solution adoptée par les législateurs italiens n'est pas la meilleure de toutes celles qui ont été proposées. Du moment, en effet, que le principe de la saisine est admis, il semble difficile de prétendre qu'après trente ans l'héritier saisi ne sera plus héritier et ne pourra plus accepter ; il paraît plus vrai de dire qu'il ne peut plus répudier.

Nous n'avons pas d'observations à faire sur la répudiation ou l'acceptation sous bénéfice d'inventaire, ni sur les successions vacantes. Nous arrivons tout de suite à la matière du partage, qui présente plusieurs innovations importantes, surtout au point de vue économique.

III. Nous voyons d'abord que lorsqu'il y a quelques mineurs parmi les héritiers institués, le testateur a le droit de maintenir entre eux l'indivision jusqu'à l'expiration de l'année qui suivra la majorité du plus jeune, sauf à l'autorité judiciaire à permettre le partage, si la gravité des circonstances le requiert.

La composition de la masse à partager et la formation

des lots a lieu comme en France. Toutefois, la loi italienne n'admet pas le *retrait successoral*, autorisé par notre art. 841. Tous les bons esprits reconnaissent, en effet, depuis longtemps, que le retrait successoral porte atteinte à la liberté des conventions, et constitue un droit odieux qui n'est exercé par les héritiers que s'il s'agit de faire un bénéfice aux dépens du cessionnaire, et que du moment que les créanciers ont la faculté d'intervenir au partage pour éviter qu'il soit fait en fraude de leurs droits, il est presque puéril de chercher à empêcher l'intervention d'un cessionnaire des droits successifs (1).

IV. Mais la théorie des rapports a été profondément, et ajoutons, heureusement modifiée. D'abord la nécessité du rapport, en ce qui touche les choses dues à la succession, est imposée à tout héritier (art. 991); mais pour les libéralités, le rapport n'est imposé qu'aux enfants ou descendants en concours avec leurs frères ou sœurs, ou descendants d'eux (art. 1004). Il est naturel d'admettre, en effet, que la libéralité qui s'adresse à un des enfants n'est qu'un simple avancement d'hoirie, et ne prouve pas du tout que le testateur n'a pas voulu maintenir l'égalité entre ses enfants. Mais quand il s'agit de libéralités faites à des collatéraux, on peut facilement supposer que le *de cujus* a voulu faire la libéralité d'une manière définitive, qu'il n'a pas songé à ses

(1) Voy. Batbie, *Correspondant, loc. cit.*, p. 107.

autres successibles, et que, par conséquent, il n'a pas voulu se borner à un simple avancement d'hoirie.

La célèbre question du cumul est nettement tranchée, dans le sens vraiment libéral, par l'art. 1003, qui dispose que : L'héritier qui renonce peut bien retenir la donation ou réclamer le legs à lui fait à concurrence de la portion disponible, mais qu'il ne peut rien retenir ou réclamer à titre de réserve.

V. Une autre innovation considérable est celle qui concerne les legs faits à un successible. « Ce qui est laissé par testament, dit l'art. 1008, n'est jamais sujet à rapport, sauf le cas de disposition contraire. » Une telle solution est tout-à-fait conforme à la volonté du testateur, puisque la nécessité du rapport appliquée au legs a pour effet de les rendre presque tout-à-fait inefficaces, et que c'est seulement par un effort de l'esprit, et moyennant des distinctions quelque peu subtiles, qu'il est possible d'attribuer un effet utile à des legs soumis au rapport. D'ailleurs, n'est-il pas évident que l'intention du testateur qui adresse un legs à un successible est de lui conférer un préciput? Mais cependant la loi italienne a cru devoir apporter un sage tempérament à cette disposition nouvelle, et en conséquence l'art. 1026 statue que si le donataire ou *légataire* qui est en même temps réservataire, demande la réduction des libéralités faites à un autre cohéritier ou à un légataire même étranger, comme excédant la quotité disponible, il devra imputer sur sa portion de réserve les avantages ou legs à lui faits, sauf disposition contraire de la part du testateur.

VI. Pour régler la manière dont le rapport doit être effectué, la loi italienne s'est préoccupée des inconvénients pouvant résulter, au point de vue économique, des rapports en nature, et elle y a remédié autant que possible.

Elle déclare d'abord que le rapport se fait en nature ou en moins prenant, au choix de l'héritier tenu de rapporter (art. 1015). Mais si le donataire d'un immeuble l'a aliéné ou hypothéqué, le rapport de cet immeuble ne se fera qu'en moins prenant (art. 1016).

Si au lieu d'un rapport proprement dit, il s'agit de réduire un legs d'immeuble excédant la quotité disponible, la réduction portera matériellement sur l'immeuble lui-même si la division peut en être facilement effectuée. Dans le cas contraire, si la valeur de l'immeuble dépasse le quart de la portion disponible, le légataire doit laisser l'immeuble entier dans la succession, sauf à obtenir en argent le montant de la quotité disponible; si la valeur de l'immeuble ne dépasse pas ce quart ou lui est inférieure, le légataire peut le retenir en entier à la charge de compléter en argent le montant de la réserve (art. 826). Si au lieu d'un legs, il s'agit d'une donation faite à un descendant successible, avec dispense de rapport et excédant la quotité disponible, le donataire pourra rendre l'immeuble en nature ou le

garder en entier, suivant les mêmes distinctions qui viennent d'être faites (art. 1022).

Toutes ces dispositions, qu'elles concernent le cas du
rapport proprement dit ou celui de la réduction, sont fort
remarquables, et il n'est pas besoin d'en faire ressortir
l'importance. On sait que les économistes, frappés des
inconvénients qu'entraîne l'obligation du rapport et l'éventualité d'une réduction, ont voulu, pour les faire disparaître,
attaquer le principe même de la réserve et de l'égalité
entre les héritiers, et proclamer une prétendue liberté de
tester. Le Code italien démontre victorieusement qu'il est
possible d'atténuer et même de faire disparaître les inconvénients dont il s'agit sans porter atteinte à la réserve,
qui est l'une des bases de la famille, ni à l'égalité entre les
héritiers, qui constitue la garantie la plus certaine contre le
retour des habitudes féodales. D'ailleurs, et nous tenons à
le dire bien haut, quand même le législateur serait impuis-
sant à faire disparaître les fâcheuses conséquences du rapport et de la réduction, nous n'admettrions jamais que des
préoccupations purement utilitaires pussent arriver à cor-
rompre les notions les plus certaines du droit, et nous
obliger, sous prétexte de progrès, à rétrograder de plusieurs siècles.....

§ 6.

I. La difficile et importante matière des donations entre-vifs a été réglée dans le Code italien avec la même supériorité que la matière des successions, avec la même entente des vrais principes scientifiques et des besoins économiques de l'époque actuelle.

Le législateur italien a adopté, comme base de la théorie qu'il s'agissait d'édifier, les principales dispositions du Code Napoléon ; mais il est vraiment remarquable que les améliorations et innovations qu'il a cru devoir consacrer ne sont pas du tout celles que réclament certains économistes français, et qu'il a, au contraire, nettement répudié les doctrines qui ont une tendance marquée à sacrifier les principes les plus vrais de la science juridique à une prétendue liberté des conventions.

Il n'est pas rare, en effet, d'entendre amèrement critiquer au nom de la liberté des conventions :

1° L'article 894 en tant qu'il déclare que la donation doit être *actuelle et irrévocable;*

2° L'article 943, qui prohibe les donations de biens à venir;

3° L'article 944, qui annule toute donation dont l'exécution dépend de la seule volonté du donateur;

4° L'article 946, aux termes duquel : si le donateur, s'étant réservé la faculté de disposer d'un effet compris dans la donation, ou d'une somme fixe sur les biens donnés, meurt sans en avoir disposé, ledit effet ou ladite somme appartiendra à ses héritiers.....

Ces prescriptions du Code Napoléon sont, dit-on, tout-à-fait dénuées de raison d'être; elles entravent sans utilité, sans motif, la liberté des conventions; elles ne sont que la conséquence d'une vieille maxime coutumière : *donner et retenir ne vaut,* qui ne saurait plus, dans notre droit moderne, avoir la moindre signification. Ne serait-il pas temps de faire disparaître de nos Codes ces vestiges étranges d'un système à jamais abrogé!.....

En conséquence, quelques économistes résument ainsi leurs conclusions :

« 1° Abrogation des articles 943, 944 et 946 du Code Napoléon;

» 2° Rétablissement de la loi romaine sur les donations à cause de mort, ou subsidiairement:

» 3° Faculté pour les donateurs d'instituer contractuelle-
ment autrement que par contrat de mariage, c'est-à-dire
dans un simple acte notarié, et faculté de faire des donations révocables, comme celles que peuvent faire les époux
pendant le mariage (1). »

Le Code italien a pris tout-à-fait le contre-pied de cette
théorie; il a maintenu toutes les dispositions du Code français que l'on présente comme contraires à la liberté des conventions, et il a aboli les institutions contractuelles et les
donations entre époux. En agissant ainsi, la loi italienne a
une fois de plus affirmé, comme nous allons le démontrer,
les vrais principes du droit, et en même temps elle a donné
satisfaction aux exigences économiques modernes.

II. Et d'abord est-il bien vrai que les dispositions des
articles 894, 943, 944, 946 du Code Napoléon ne puissent s'expliquer que par la vieille maxime : *donner et retenir
ne vaut*, de sorte que ces articles devraient disparaître, de
cela seul que la maxime a disparu elle-même?

Il règne sur cette question une équivoque qu'il faut
d'abord faire cesser :

Primitivement, la règle coutumière dont on parle, signi-
fiait que le donateur devait se dessaisir immédiatement
non-seulement de la propriété, mais même de la possession. En imposant un tel dépouillement au donateur, elle

(1) Batbie, *loc. cit.*, p. 101.

avait pour but de rendre les donations plus rares..... Mais
le développement scientifique et pratique du droit, surtout
en ce qui touche la théorie de la tradition, altéra peu à peu
la signification première de la règle; sa formule fut conservée, mais elle n'eut plus qu'un sens banal, ou plutôt elle n'en
eut plus aucun. C'est ce que reconnaissait d'Aguesseau lui-
même, le rédacteur de l'ordonnance de 1734, sur les donations. « Tout ce que cette maxime signifie, écrivait-il, c'est
que le donateur ne peut se réserver ni la propriété des choses données dans le temps qu'il les donne, ni le droit d'en
priver le donataire quand il le jugera convenable, *et en ce
sens la maxime est en quelque sorte de droit naturel* (1). » La
situation était absolument la même quand fut rédigé le Code
Napoléon. Il est bien vrai que les rédacteurs de ce Code
ont cru, en formulant les solutions critiquées, reproduire
certaines conséquences de la maxime : *donner et retenir ne
vaut;* mais comme depuis longtemps cette maxime ne signi-
fiait plus rien au-delà de ses termes, c'est-à-dire qu'elle
n'était plus que l'affirmation puérile d'un fait évident, il est
arrivé que, sans bien s'en rendre compte, les rédacteurs du
Code Napoléon se sont bornés à consacrer des prescriptions
qui ne sont que l'application pure et simple des principes généraux. De sorte que, alors même que les dispositions si fort
attaquées n'auraient pas été insérées dans le Code, les

(1) *OEuvres*, t. IX, lettre 289ᵉ.

décisions qu'elles contiennent n'en seraient pas moins néces
sairement vraies.

Ainsi, par exemple, l'art. 894 déclare que la donatio
est *irrévocable*... Mais cela, pour être vrai, n'avait pas beso
d'être dit. Tous les contrats sont irrévocables, en ce ser
que l'une des parties ne peut pas détruire *unilatéralemer*
l'avantage qui résulte de la convention; l'art. 894 n'existe
rait pas, qu'il ne serait pas moins vrai de dire que la dona
tion est irrévocable, de même que la vente, le louage, etc.

III. Mais, dit-on, pourquoi l'art. 943 prohibe-t-il les don
tions de biens à venir? La raison est bien simple : c'e
parce qu'une telle donation manque d'objet. En effet, pou
qu'une obligation existe, il faut un objet certain (art. 1108)
il est vrai que l'art. 1130 déclare que *les choses futures pe*
vent être l'objet d'une obligation; mais il est élémentaire qu'
s'agit dans cet article de choses pouvant être d'ores et déj
déterminées, quoique n'existant pas encore, mais dor
l'existence future peut être espérée; ainsi, par exemple, l
récolte future de tel champ... Par conséquent, malgré l
prohibition de l'art. 943, on pourra toujours donner la ré
colte future d'un champ... Mais donner les biens qu'on n'
pas et qu'on pourra avoir plus tard, c'est ne rien donne
du tout, et l'art. 943 ne dit pas autre chose; cet articl
n'existerait pas, qu'il en serait encore de même, par appli
cation des principes généraux (art. 1108, 1126, 1129
1130, C. Nap.).

IV. Maintenant, comment rendre compte de l'art. 944, déclarant nulles les donations faites sous des conditions dont l'exécution dépend de *la seule volonté* du donateur? Qui ne voit que cet article n'est que l'application aux donations du principe général formulé dans l'art. 1174, portant que toute obligation est nulle lorsqu'elle a été contractée sous une condition potestative de la part de celui qui s'oblige? Nous n'ignorons pas que, pour trouver un sens utile à l'art. 944, pour éviter de lui faire dire la même chose que l'art. 1174, la plupart des auteurs et même des tribunaux décident qu'en matière de donation ce n'est pas seulement la condition *purement* potestative, celle dont l'exécution dépend *ex mera voluntate*, qui annule le lien de droit, mais encore la condition *simplement* potestative, c'est-à-dire celle qui dépend *d'un fait* qu'il serait au pouvoir du donateur de faire arriver ou d'empêcher, et que tel est le sens de l'art. 944... Mais cette argumentation repose sur une pétition de principe, et de plus est contraire au texte même de l'art. 944, qui parle de *la seule volonté*... Ainsi donc encore, quand même l'art. 944 n'existerait pas, la solution qu'il consacre n'en serait pas moins vraie, d'après les principes généraux.

Quant à l'art. 946, ce que nous venons de dire nous dispense d'une nouvelle argumentation. Du moment que la donation ne peut être faite sous une condition purement potestative, il est certain que si le donateur s'est réservé la liberté de disposer d'un effet compris dans la donation, cela

veut dire que cet effet n'est pas donné ; que le lien de droit
ne s'est pas formé quant à cet effet, puisqu'il dépend de la
volonté du donateur de n'être pas obligé à cet égard. Donc,
la chose réservée est en dehors de la donation, elle est
demeurée dans son patrimoine, et par conséquent, si elle
y est encore au moment de sa mort, elle doit passer à ses
héritiers, et pas n'était besoin de l'art. 946 pour que cette
solution fût vraie.

V. On voit donc que ces prétendues entraves apportées
à la liberté des conventions n'existent pas ; que les dispositions, en apparence restrictives, que les rédacteurs du Code
Napoléon croyaient être la conséquence de la maxime : *donner et retenir ne vaut*, ne sont que la reproduction pour les
donations des règles les plus élémentaires ; et cela ne doit
pas nous surprendre, puisque déjà, en 1731, d'Aguesseau
reconnaissait que cette fameuse maxime n'exprimait plus
que des variétés évidentes *d'après le droit naturel !*.....

C'est donc avec raison que la loi italienne a reproduit
purement et simplement la définition et les décisions du
Code Napoléon dont nous venons de parler (art. 1050, 1064,
1066, Cod. ital.) ; elle aurait même pu se dispenser de
reproduire ces décisions, puisqu'elles sont la conséquence
forcée des principes. Il est bon cependant qu'elles aient été
formulées en texte de loi, parce qu'après les critiques
mal fondées dont elles ont été l'objet, on aurait pu les

croire abrogées, si on ne les avait pas retrouvées dans les termes mêmes du Code.

VI. La loi italienne est allée encore plus loin ; reconnaissant que l'irrévocabilité est de l'essence des donations, elle a déclaré par l'art. 1054 que les époux ne pourront durant le mariage se faire l'un à l'autre aucune libéralité, si ce n'est par testament.

Nous croyons qu'il faut approuver cette disposition, et qu'il est temps de s'affranchir de l'influence exercée sur la question par les fluctuations de la jurisprudence romaine.

Une donation révocable n'est pas en effet une véritable donation ; c'est une pure manifestation d'intention qui ne deviendra efficace que par la mort du donateur, en supposant qu'il n'ait pas changé d'opinion. La donation doit être, comme tout autre contrat, nécessairement irrévocable.

Or, il est manifeste qu'on ne saurait permettre aux conjoints de s'adresser l'un à l'autre de semblables libéralités ; nous n'avons pas besoin d'insister sur les motifs connus d'une telle prohibition. Mais du moment qu'ils peuvent disposer au profit l'un de l'autre au moyen d'un testament, il est complètement inutile de fausser les règles de la donation en introduisant à leur égard des donations révocables.

Enfin ce qu'il nous est tout-à-fait impossible de comprendre, c'est qu'on ait songé à généraliser une dérogation qu n'avait d'abord été admise que pour les époux, et qu'on demande pour les donateurs la liberté de ne faire que des donations révocables *ad nutum !* Il faudrait donc, sous prétexte de liberté, faire revivre au XIXme siècle cette vieille inutilité des donations à cause de mort, cette invention hybride tenant du testament autant que de la convention, réunissant les inconvénients de l'un et de l'autre, fatale surtout à la liberté du disposant, qui se trouve amené à faire un testament sous la forme d'un contrat...

VII. Ce qu'il y a de plus singulier, c'est que les mêmes écrivains qui réclament la révocabilité absolue des donations, protestent contre la révocation pour cause de survenance d'enfants :

« De même que je voudrais laisser au donateur une grande liberté pour faire ses dispositions, dit M. Batbie, ainsi je trouverais bon qu'on respectât sa volonté une fois manifestée. Comment justifier la révocation des donations pour survenance d'enfants, surtout l'effet rétroactif qui emporte tous les droits réels conférés sur l'immeuble par le donataire? Les espérances que la donation avait fait naître, seront détruites par la naissance d'un enfant; les établissements formés grâce aux biens donnés, sont troublés, et pour favoriser les enfants nés contrairement à toute attente, on dépouille les enfants nés du mariage que la donation avait déterminé. Cette menace de révocation est même de nature à empêcher des établissements, et force

à employer des moyens détournés (tels que l'achat de va-
leurs au porteur), pour éviter l'éventualité de cette donation. En deux mots, je demande que le donateur puisse,
s'il le veut, ne faire que des donations révocables; mais
s'il a fait une donation irrévocable, que sa volonté soit
exécutée et qu'on ne lui réserve pas un moyen de troubler
des existences qu'il a fondées, et des ménages qui ne se
seraient pas fondés sans sa libéralité » ([1]).

Le Code italien ne s'est pas laissé entraîner par ces nouvelles doctrines; il a maintenu la révocation pour cause de
survenance d'enfants, seulement il a étendu, et avec raison,
la règle que notre art. 958 n'a édictée que pour le cas
d'ingratitude. Par conséquent, la révocation, soit pour ingratitude, soit pour survenance d'enfants, soit pour inexécution des charges, ne préjudiciera pas aux droits réels
acquis sur l'immeuble donné antérieurement à la transcription de la demande (art. 1080 et 1088 Cod. ital.).

Cependant, nous reconnaîtrons sans peine que le Code
Napoléon contient au sujet de la révocation pour cause de
survenance d'enfants quelques dispositions trop rigoureuses. Ainsi la révocation est opérée de plein droit (art. 960),
elle est maintenue malgré la mort de l'enfant du donateur
(art. 964), et par conséquent le donataire, qui est, en fait,
demeuré en possession, ne pourra échapper à la nécessité
de rendre les choses données qu'après une possession de

([1]) *Loc. cit.* p. 105.

trente années (art. 966). Le Code italien a cherché au contraire à atténuer autant que possible toutes les conséquences trop rigoureuses de la révocation. D'abord elle n'a pas lieu de plein droit, mais doit être demandée (art. 1083, 1085 Cod. ital.). En second lieu, l'action en révocation est éteinte par le décès de l'enfant et de ses descendants, et par l'expiration du délai de cinq ans à partir de la naissance du dernier enfant (art. 1090 Cod. ital.).

§ 7.

I. La théorie des obligations, quoique des plus importantes au point de vue du droit privé, n'était pas de nature à présenter de grandes difficultés aux rédacteurs du Code italien. La matière, en effet, a été élaborée par les jurisconsultes romains avec tant de profondeur, qu'on peut la considérer comme formant en quelque sorte aujourd'hui la partie géométrique du droit. La gloire de notre illustre Pothier est précisément d'en avoir admirablement systématisé les règles. Les rédacteurs de notre Code ont à leur tour suivi Pothier; et dans son rapport au Sénat italien, M. Vacca déclarait avec raison que ce qu'il y avait de mieux à faire était de ne pas s'écarter de tels modèles. Aussi aurons-nous très-peu d'observations à faire sur cette partie du Code italien. Les innovations n'ont porté que sur des dispositions de détail, et n'ont pas influé sur les doctrines juridiques.

II. Ainsi le Code italien n'admet pas que les juges puissent disposer en quelque sorte des droits du créancier en accordant des délais aux débiteurs et en modifiant les conséquences juridiques de sa mise en demeure. C'est pourquoi les dispositions du Code Napoléon, qui accordent à cet égard une certaine latitude aux magistrats, n'ont pas été reproduites. Rien ne saurait retarder le paiement, si ce n'est la bienveillance du créancier lui-même.

A propos du paiement, nous avons remarqué quelques changements dans la théorie de la subrogation. Ainsi, quand la subrogation conventionnelle émane du débiteur, il n'est pas nécessaire, comme le veut l'art. 1250 § 2 Cod. Nap., que l'acte d'emprunt et la quittance soient passés devant notaire; il suffit, et avec raison, qu'ils aient l'un et l'autre date certaine (art. 1252). Mais ce n'est là qu'un détail bien secondaire. Ce qu'il y a de plus grave, c'est la disposition de l'art. 1254 § 2, portant que : lorsque le créancier subrogeant n'a reçu qu'un paiement partiel, il n'est pas préféré au subrogé, et que tous deux concourent ensemble en proportion de ce qui leur est dû. Cette solution est évidemment une conséquence de certaines doctrines qui considèrent la subrogation comme une espèce de cession fictive. Mais nous croyons cette doctrine erronée; la subrogation provient d'un paiement, et ne change pas la nature du fait qui lui a servi de base, *nemo censetur subrogasse contra se*, voilà la véritable règle, et le Code Napol. a bien fait de la reproduire dans l'art. 1252. Qu'on ne dise pas que l'abrogation d'une telle règle rendra les subrogations plus fréquentes, parce qu'elle rend meilleure la condition du subrogé; c'est tout le contraire qui arrivera, car elle aura pour effet de rendre les créanciers plus difficiles, et il est manifeste qu'ils ne voudront jamais recevoir un paiement partiel, du moment que ce paiement partiel compromettra la rentrée complète du solde.

III. La théorie des actions en nullité et en rescision a été améliorée, surtout en ce qui touche les mineurs, et plusieurs des controverses qui se sont élevées à ce sujet ont été tranchées par le Code italien.

D'abord, la durée de l'action a été limitée à cinq ans (art. 1300). Il est naturel, en effet, ainsi que le faisait remarquer M. Vacca, qu'à une époque où tout progrès dans la vie sociale se traduit en une conquête sur l'espace ou sur le temps, on ne veuille plus maintenir l'immobilité des anciens délais qui n'ont plus la même raison d'être.

Toutefois, l'exception de nullité n'est pas soumise à cette prescription particulière de cinq ans.

Pour les mineurs, l'action en nullité est admise :

1° Lorsqu'un mineur non émancipé a fait seul un acte sans l'intervention de son légitime représentant;

2° Lorsqu'un mineur émancipé a fait seul un acte pour lequel la loi exigeait l'assistance du curateur;

3° Lorsque les formalités voulues par une disposition particulière de la loi n'ont pas été observées à l'occasion d'un acte intéressant un mineur (art. 1303).

Quant à l'action en rescision, elle n'est admise, même quand il s'agit de mineurs, que dans les cas spécialement prévus par la loi (art. 1307).

IV. En ce qui touche l'organisation de la preuve, le Code italien montre une assez grande méfiance à l'égard de la preuve testimoniale; et, autant qu'il le peut, il exige une preuve écrite. Ainsi, nous avons vu que la perte de la nationalité par le simple établissement en pays étranger sans esprit de retour a été maintenue; mais que la preuve de l'intention ne peut résulter que d'une déclaration faite devant la municipalité de son domicile; que la preuve du changement de domicile ne peut pas, comme chez nous, résulter des circonstances, mais seulement des déclarations voulues. Enfin, on n'a pas oublié que l'art. 54 refuse toute action en indemnité pour cause d'inexécution d'une promesse de mariage quand la promesse n'a pas été faite par écrit.

Les dispositions spéciales sur la preuve écrite sont bien plus accentuées que dans notre Code Napoléon. L'art. 1314 déclare que, devront être rédigés en acte public ou privé, *sous peine de nullité* :

1° Les conventions relatives au transfert de la propriété des immeubles et autres biens susceptibles d'hypothèque ;

2° Les conventions relatives aux servitudes personnelles ou réelles ;

3° Les renonciations à ces mêmes droits ;

4° Les baux d'immeubles excédant neuf années ;

5° Les contrats de société ayant pour objet une exploitation d'immeubles et devant avoir une durée indéterminée ou excédant neuf années;

6° Les contrats de rente;

7° Les transactions;

8° Enfin les autres actes spécialement indiqués par la loi.

Les motifs qui ont fait exiger pour ces sortes de conventions une preuve écrite sont tout-à-fait plausibles, et nous ne songerons ni à les contester, ni même à les atténuer; seulement, il nous semble que le principe de la liberté civile des conventions était d'un ordre infiniment supérieur, et qu'il ne fallait pas entraver de la sorte la marche des affaires. Mais ce qui nous paraît exorbitant, c'est la nullité prononcée pour le cas où la convention n'aurait pas été constatée par écrit. Nous pensons qu'il eût fallu, dans ce cas, réserver au moins l'efficacité du serment et de l'aveu.

V. A l'égard des actes sous seing-privé, le Code italien n'a pas voulu reproduire la disposition de notre art. 1325 qui exige que les actes sous-seing privé, contenant des conventions synallagmatiques, soient rédigés en autant d'originaux qu'il y a de parties ayant un intérêt distinct. Nous approuvons beaucoup cette simplification. Seulement, il est manifeste qu'elle a été inspirée par un esprit tout autre que celui qui a fait exiger un écrit pour un grand nombre de conventions, et que, sous ce rapport, le Code italien ne montre pas une parfaite unité de vue.

Quant à la preuve testimoniale, elle est réglée absolument comme dans le Code Napoléon, si ce n'est qu'on a élevé à cinq cents francs la valeur au-delà de laquelle elle n'est pas admise.

Nous ne dirons rien des autres moyens de preuve qui ne présentent aucune innovation particulière.

§ 8.

I. Les habitudes séculaires de l'Italie, bien différentes de nos traditions coutumières, commandaient au législateur italien de s'écarter, pour le contrat de mariage, du système suivi par le Code Napoléon. En France, le régime dotal a été toléré plutôt qu'admis par la loi ; et dans le silence des parties, la communauté forme le régime légal des époux. L'Italie aurait certes pu adopter légitimement la solution directement opposée. Mais elle a préféré, et avec raison, se placer en pareille matière *sur le terrain neutre de la liberté*; c'est du moins ce que déclara M. Vacca devant le Sénat.

Les rédacteurs du Code italien étaient loin de méconnaître les inconvénients du régime dotal; mais dans la terre classique de la dotalité, il ne pouvait être question de faire disparaître le dogme de l'inaliénabilité de la dot. Quant au régime de la communauté, introduit par la domination française, il n'avait pas été tout-à-fait repoussé, mais cependant il n'était jamais entré bien profondément dans les mœurs privées. En conséquence, le Code italien s'est borné à organiser deux régimes, le régime dotal et le régime de la communauté. Mais l'un et l'autre ne pourront jamais être que conventionnels; il n'existe pas de régime légal. Dans le silence des parties, la loi ne veut rien supposer, rien présumer, pas plus le régime dotal que le régime de la communauté. Sous quel régime les conjoints seront-ils alors mariés? La loi ne le dit pas formellement, car elle se borne à tracer dans deux chapitres distincts les règles de la dotalité et celles de la communauté, et nulle part elle ne prévoit l'hypothèse d'un mariage conclu sans contrat préalable. Cependant, comme l'art. 1425 déclare que tous les biens de la femme non constitués en dot sont paraphernaux, il faut admettre que, s'il n'y a pas eu contrat de mariage, ou si le contrat n'adopte ni le régime dotal ni celui de la communauté, les biens de la femme seront régis par les principes de la paraphernalité qui sont identiques à ceux que notre Code a consacrés. Seulement la contribution de la femme aux charges du ménage est différemment réglée. L'art. 1575 du Cod. Nap. porte en effet que si tous les biens de la femme sont paraphernaux, et s'il n'y a pas de convention dans le contrat pour lui faire supporter une portion des charges du mariage, la femme y contribue jusqu'à concurrence du tiers de ses revenus. On sait qu'il peut y avoir quelque difficulté dans le cas où ce tiers serait insuffisant. La loi italienne se borne à déclarer que les deux conjoints doivent contribuer aux charges du ménage, chacun en proportion de sa fortune (art. 1426 et 138).

II. Le procédé qui consiste à n'admettre, en cas de silence des conjoints, aucun régime légal, nous paraît bien préférable au procédé contraire du Code français.

Nous ne tenons pas beaucoup au régime dotal, qui nous choque non-seulement parce qu'il entrave les affaires, mais encore et surtout parce qu'il affaiblit le sentiment de la responsabilité individuelle. Mais le régime de la communauté ne nous paraît pas plus particulièrement séduisant qu'un autre. On répète, il est vrai, que le mariage étant le *consortium totius vitæ, divini et humani juris communicatio,* il est naturel qu'à la communion des sentiments, des intérêts et des espérances corresponde une communauté de biens. Ces banalités sentimentales nous touchent peu, et nous ne voyons aucun rapport entre les intérêts pécuniaires et les affections du cœur. La manière dont la communauté est constituée par le Code Napoléon prouve d'ailleurs la fausseté de ce point de vue. Pourquoi, en effet, les meubles sont-ils communs et les immeubles propres? Parce que les conjoints sont présumés n'avoir voulu mettre en communauté que les éléments les moins importants de leur patrimoine, *mobilium vilis possessio,* et se réserver en propre tout le reste... Voilà ce qu'on répond toujours, et rien n'est plus vrai; mais que devient alors le *consortium totius vitæ* et la prétendue nécessité de mettre en commun le patrimoine aussi bien que les sentiments ?...

Aussi, nous pensons qu'il faut adopter un point de vue un peu plus sérieux. Le but de tout régime matrimonial est de déterminer la contribution de la femme aux charges du ménage et le mode d'administration de ses biens. Eu égard à la contribution aux charges du ménage, le principe de justice qui domine la matière est celui-ci : Chacun des deux époux doit y contribuer en proportion de sa fortune. Le régime dotal peut être, pour la femme, tantôt extensif de cette contribution, si tous ses biens sont dotaux, tantôt restrictif, si les paraphernaux sont plus importants. Le régime de la communauté est toujours extensif de cette contribution, puisque la femme doit alors concourir aux dépenses avec la propriété et les fruits de tous ses biens devenus communs, et les fruits de tous ceux qui lui sont restés propres. Dans un pays où les droits du conjoint survivant ont été oubliés, comme en France, le régime en communauté est le meilleur, parce que chacun des conjoints sera intéressé à faire prospérer la communauté, pour venir, en cas de veuvage, prendre sa part d'un actif considérable. Une communauté à liquider sera la seule ressource du conjoint survivant. Mais dans un pays comme l'Italie, où le conjoint survivant a toujours une part assurée soit en propriété, soit en usufruit, il n'est pas nécessaire du régime en communauté pour intéresser l'un des conjoints à la prospérité du patrimoine de l'autre ; cet intérêt existe en dehors de la nature du régime adopté. Donc, il n'y avait pas de raison pour préférer tel régime à tel autre, et la loi a bien fait de laisser les parties tout-à-fait indépendantes, et de ne pas chercher à présumer et à interpréter leur volonté.

III. La dotalité a été réglée par le Code italien à peu près de la même manière que par le Code Napoléon. Seulement, les termes de la loi ne laissent plus de place à la controverse sur le point de savoir si la dot mobilière est aliénable ou inaliénable.

« *La dot*, dit l'art. 1404, *peut être aliénée ou hypothéquée, si l'aliénation ou l'hypothèque a été permise dans le contrat de mariage.* » Cette disposition ne peut évidemment concerner que les immeubles; mais l'art. 1405 est conçu d'une manière plus générale :

« *En dehors des cas prévus par l'article précédent,* porte l'art. 1405, LA DOT ET LES REPRISES DOTALES DE LA FEMME *ne peuvent, durant le mariage, être aliénées ni engagées au profit de qui que ce soit. Les sûretés de la dot ne peuvent être réduites ni restreintes, sinon du consentement du mari et de la femme, et en vertu d'une décision du Tribunal, qui ne pourra accorder son autorisation que dans les cas de nécessité ou d'utilité évidente.* »

La loi italienne n'a donc pas voulu prévoir, comme la loi française, les cas limités où l'aliénation de la dot pourrait être autorisée; elle accorde plus de latitude aux juges qui auront seulement à constater la nécessité et l'utilité *évidente*. Aussi la jurisprudence des tribunaux aura-t-elle sur ce point une importance exceptionnelle. Il n'y a pas d'inconvénient à étendre beaucoup, dans une telle matière, les pouvoirs du juge. L'intervention de l'autorité judiciaire, dégagée d'entraves, apportera dans l'application un heureux tempérament à la rigueur du principe de l'inaliénabilité. Les tribunaux seront nécessairement les organes des besoins sociaux, et leur jurisprudence, toujours fondée sur l'appréciation des faits particuliers, pourra sauvegarder le principe sans compromettre les intérêts individuels.

Enfin, l'art. 1407 § 3 déclare qu'après la dissolution du mariage le paiement des obligations contractées par la femme durant le mariage pourra être poursuivi sur les biens qui constituaient la dot. Par conséquent, la dissolution du mariage a pour effet immédiat de dépouiller les biens constitués en dot du caractère de dotalité; et il en résulte que c'est seulement la concession d'hypothèques ou de droits particuliers sur les biens dotaux qui est prohibée par la loi italienne. Les biens dotaux ne cessent pas, dès-lors, de figurer comme éléments de crédit dans le patrimoine de la femme dotale; en s'obligeant, elle oblige aussi tous ses biens, y compris les biens dotaux; seulement, en ce qui concerne ces derniers, les voies d'exécution sont suspendues pendant toute la durée du mariage. Cette décision atténue dans une certaine mesure, il faut le reconnaître, les inconvénients justement reprochés au régime dotal.

IV. Le régime de la communauté légale n'a pas été aussi libéralement réglé que le régime dotal ; et il est fâcheux que les rédacteurs du Code italien aient cru nécessaire de recourir sur ce point à des dispositions restrictives de la liberté des parties.

Ainsi, l'art. 1433 défend aux époux d'établir par leur contrat de mariage une communauté universelle, si ce n'est pour les profits (*gli utili*).

Si les époux se bornent à déclarer qu'ils adoptent le régime de la communauté, sans entrer à cet égard dans aucune réglementation de détail, il faudra appliquer les règles du contrat de société (art. 1434). Mais, dans tous les cas, il leur est interdit de faire tomber en communauté quoi que ce soit de leur actif ou passif présent, ni rien de ce qui peut leur advenir par succession ou donation durant la communauté. Il suit de là que la communauté se trouve forcément réduite aux fruits de tous les biens meubles ou immeubles, présents et futurs, et aux acquêts réalisés pendant sa durée (art. 1435 et 1436).

Il est certain que de semblables prohibitions doivent singulièrement simplifier l'organisation de la communauté ; toutefois, il nous paraît difficile de les justifier. Pourquoi entraver ainsi la volonté des époux et les empêcher de faire entrer, s'ils le veulent, dans la communauté tout ou partie de leurs biens présents et futurs ? Quel intérêt politique ou économique pouvait-il y avoir à restreindre ainsi leur liberté ? Nous avouons ne pas le comprendre. Dira-t-on que la communauté est antipathique aux populations italiennes, et que leurs habitudes résistent à un tel régime? Nous le croyons volontiers; mais raison de plus pour laisser les rares personnes qui voudront adopter le régime de la communauté libres de l'organiser au gré de leurs désirs.

La matière de la séparation de biens, soit dans le cas de régime dotal, soit dans le cas de communauté, est traitée, à peu de chose près, comme dans le Code Napoléon, et ne donne lieu à aucune observation particulière.

§ 9.

I. Le contrat de vente ne devait pas provoquer de bien notables changements. Les principes qui lui servent de base ont été, en effet, si nettement établis par les jurisconsultes romains, et en général si bien formulés dans les Codes modernes, qu'il est vraiment difficile d'innover en pareille matière. Le législateur n'aura guère autre chose à faire qu'à réviser la formule pour la rendre plus claire et surtout plus concise en faisant disparaître un grand nombre de dispositions vagues ou inutiles. Parmi ces dernières, celle de l'art. 1589 Cod. Nap., portant que *la promesse de vente vaut vente*, est pour la doctrine l'une des plus embarrassantes. Comme elle est le reflet d'une vieille controverse du droit coutumier français, les rédacteurs du Code italien n'avaient pas à s'en occuper, et c'est avec raison qu'ils ne l'ont pas reproduite dans leur œuvre. Les principes généraux doivent suffire pour résoudre toutes les difficultés d'interprétation que pourraient présenter les promesses de vente.

II. Cependant il existe encore en matière de vente quelques solutions de détail, admises par certaines législations, repoussées par d'autres, qui alimentent toujours la controverse. Ainsi par exemple, la vente doit-elle être permise entre époux? Le Code Napoléon ne l'a pas cru, parce que si ce contrat avait été toléré, il aurait offert aux époux un moyen trop facile : 1° de se faire, à l'aide de ventes simulées, des libéralités excédant la quotité disponible entre eux (art. 1094, 1098 Code Nap.); 2° d'imprimer à ces libéralités un caractère d'irrévocabilité que la loi leur refuse (art. 1096 Code Nap.); 3° de frauder leurs créanciers en faisant passer la fortune de l'époux qui a des dettes dans le patrimoine de celui qui n'en a pas. Ces trois espèces de fraudes sont également à craindre sous l'empire de la loi italienne; on sera même d'autant plus porté à l'éluder qu'elle est plus sévère que la loi française, puisqu'elle prohibe tout-à-fait les donations entre époux. Cependant le Code italien n'a pas cru devoir reproduire la prohibition contenue dans le Code Napoléon, et en conséquence le contrat de vente n'est pas le moins du monde défendu entre époux. Les rédacteurs du Code italien ont cru qu'il ne convenait pas de présumer ainsi que toutes les ventes conclues entre époux ne pouvaient s'expliquer que par une pensée de fraude. Ils ont trouvé exagérée la défiance du

Code Napoléon; ils ont préféré, ainsi que le proclamait
M. Vacca, admettre la sincérité des actes humains, surtout
quand il s'agit de ces actes qui se produisent dans l'intimité des affections domestiques... Certes de tels sentiments
sont des plus louables; mais un Code civil ne doit pas être
influencé par des questions de délicatesse. Or, si nous met-
tons de côté les circonstances particulières dans lesquelles
le Code Napoléon permet exceptionnellement la vente entre
époux, on devra reconnaître qu'il est presque toujours
bien difficile de rendre compte des motifs qui ont pu conduire l'un des conjoints à vendre sa chose à l'autre... Qu'on
ne dise pas que les intéressés seront toujours admis à prouver la simulation ou la fraude, car cela ne sera pas toujours
possible. Nous craignons, de plus, que la tolérance du Code
italien ne soit la cause de nombreux procès qui seront
tout-à-fait regrettables, car ils obligeront la justice à porter
souvent un œil indiscret sur les actes accomplis dans cette
intimité du foyer domestique que l'on voulait respecter.
Presque toutes les ventes entre époux seront attaquées, et
alors il faudra, pour en apprécier la validité, pénétrer les
secrets des familles, rechercher curieusement l'origine des
deniers, etc., etc. Ne valait-il pas mieux procéder plus
radicalement en prohibant tout contrat de vente entre personnes réunies par des liens aussi étroits que ceux dérivant
du mariage? Remarquons d'ailleurs que cette suspicion
légitime qui pèse sur les époux qui veulent faire ensemble
un acte de vente, pèse également sur d'autres personnes,

et même avec plus de rigueur. Ainsi la loi italienne a admis la légitimité de ce soupçon à l'égard des administrateurs de la fortune d'autrui, et de tous ceux qui concourent à l'administration de la justice. Les raisons, à notre avis, sont bien plus fortes pour prohiber la vente entre époux.

III. La nullité de la vente de la chose d'autrui a été, selon nous, mieux formulée par le Code italien que par le Code français. L'article 1459 du Code italien déclare, en effet, que la vente de la chose d'autrui est nulle, qu'elle peut donner lieu à des dommages-intérêts si l'acheteur ignorait que la chose appartenait à autrui, *mais que dans aucun cas la nullité ne pourra être opposée par le vendeur.* Cette dernière précision démontre clairement qu'il ne saurait être ici question d'un cas d'inexistence de la vente, mais seulement d'un cas d'annulabilité purement relative. Il est impossible, en effet, de soutenir sérieusement que la vente de la chose d'autrui est frappée d'une nullité radicale. L'existence de l'obligation de garantie *qui est de la nature de la vente,* le prouve surabondamment. L'obligation de garantie n'est pas autre chose, en effet, qu'une forme particulière de l'obligation générale *de faire valoir* le contrat, forme particulière qui consiste dans *la délivrance continue de la chose vendue.* Or, cette obligation générale *de faire valoir* suppose que le contrat *vaut,* au moins tant qu'il n'est pas annulé. S'il y avait, en effet, nullité radicale dérivant de l'absence de consentement, de cause ou d'objet, etc., le contrat n'existant pour aucune des parties, l'obligation de faire valoir ou de garantir n'existerait pas ; l'existence de la garantie suppose donc l'existence de la vente, car il serait absurde qu'un contrat inexistant produisît les effets *dérivant de sa nature*. La vérité est donc que la vente de la chose d'autrui est seulement annulable pour cause d'erreur ayant porté *sur une qualité substantielle* de la chose vendue. L'acheteur croyait que cette chose appartenait au vendeur, et que par conséquent il en deviendrait lui-même propriétaire.

De là il suit nécessairement :

1° Que le vendeur ne peut jamais proposer lui-même la nullité. Le Code italien a été bien inspiré en mettant ce point en relief ;

2° Que celui qui a acheté *sciemment* une chose qui n'appartenait pas au vendeur, ne saurait être admis à demander la nullité du contrat.

Cette seconde conséquence est contredite, en apparence, par le texte de l'art. 1599 du Code Napoléon reproduit par l'art. 1459 du Code italien. Ces textes déclarent en effet que l'acheteur, *quand il a été de bonne foi*, peut demander des dommages-intérêts ; d'où il semble résulter que, *lorsqu'il a su que la chose n'appartenait pas au vendeur*, il ne peut pas, il est vrai, demander des dommages-intérêts, mais qu'il peut toujours demander la nullité. Nous pensons que ce raisonnement n'est pas fondé, et que le législateur français a seulement mal exprimé une pensée juste en elle-même.

Il ne faut pas oublier, en effet, qu'avant l'introduction de l'action en nullité, l'action en garantie existait déjà. L'acheteur de la chose d'autrui ne pouvait agir en garantie contre son vendeur que lorsqu'il était évincé, et alors il pouvait toujours réclamer la restitution du prix, et de plus, s'il avait été de bonne foi, des dommages-intérêts. Or, il y avait des inconvénients à ne permettre à l'acquéreur de bonne foi d'agir contre son vendeur que dans le cas d'éviction. Le vendeur, en effet, solvable aujourd'hui, peut bientôt cesser de l'être, et, de plus, l'acheteur sachant qu'il n'est pas devenu propriétaire, sera porté à laisser improductive pendant le temps voulu pour la prescription acquisitive, une chose dont il peut être dépouillé à chaque instant. Il fallait donc permettre à l'acheteur de bonne foi d'agir tout de suite. Tel est le but unique de l'art. 1599. Le législateur voulait seulement exprimer cette idée que l'acheteur de bonne foi devait pouvoir obtenir *tout de suite*, au moyen de l'action en nullité, autant que par l'action en garantie. Voilà pourquoi l'art. 1599 déclare que l'acheteur de bonne foi pourra obtenir des dommages-intérêts, et nous croyons que l'art. 1459 du Code italien devra être entendu dans le même sens ; seulement, il est fâcheux que les rédacteurs de ce Code n'aient pas adopté une formule plus précise.

IV. Le Code italien a maintenu la validité du pacte de

rachat ou de réméré, et la rescision de la vente pour cause de lésion. Le maintien du pacte de rachat ne peut s'expliquer que par un hommage rendu à la liberté des conventions ; car différemment il est difficile de concevoir à notre époque l'utilité de cette convention toujours suspecte, tout au plus tolérable tant que la notion du crédit est demeurée nébuleuse, et qui constitue aujourd'hui un véritable anachronisme. Aussi la commission du Sénat avait-elle cru devoir proposer la prohibition pure et simple de tout pacte de réméré. Mais cet avis n'a pas prévalu, parce que les inconvénients du réméré n'étaient pas assez graves pour qu'on restreignît à cet égard la liberté des parties. Nous n'avons pas d'objection à faire contre cette solution. Mais il n'en est pas de même en ce qui touche la rescision pour cause de lésion, si mal à propos imaginée par des rescrits impériaux, inspirés peut être par des considérations purement personnelles (¹).

V. Il est véritablement impossible de justifier la rescision des conventions pour cause de lésion. L'ancienne jurisprudence l'avait si bien compris, qu'elle n'avait trouvé d'autre moyen pour arriver à rompre les contrats sous prétexte de lésion, que d'employer l'intervention du prince à

(¹) Il faut remarquer en effet que les rescrits de Dioclétien et Maximien qui ont introduit la rescision pour cause de lésion, et qui forment dans le Code Justinien les Lois 2 et 8, *de rescindenda venditione*, 4, 44, n'ont pas été insérés dans le Code Théodosien, qui renferme au contraire plusieurs constitutions postérieures qui consacrent les vrais principes et repoussent la lésion.

qui il fallait demander ce qu'on appelait des *lettres de resci-*
sion. La rescision n'était en réalité qu'un abus de la force,
un acte d'autocratie et de bon plaisir, et il est vraiment singulier que les lois nouvelles en aient conservé la trace. Il
est juste, sans doute, que dans les contrats commutatifs
chaque partie reçoive l'équivalent de ce qu'elle donne.
Mais il n'y a que les parties elles-mêmes qui peuvent être
juges de cet équivalent. Lorsque le contrat a été librement
formé, qu'il est exempt d'erreur et de dol, on ne voit pas
comment on viendrait le rompre sous prétexte de lésion.
Nous ne voulons pas répéter ce qui a été si justement dit
sur la difficulté, ou mieux sur l'impossibilité, de mesurer
la valeur vénale des choses. Nous préférons nous placer
sur le terrain des principes.

Un propriétaire est obligé par les circonstances de mettre
sa chose en vente et de l'abandonner à vil prix... Est-il
juste, dit-on, que ce malheureux soit victime de la dureté
des temps et que l'acheteur s'enrichisse à ses dépens ?
Mais ne dirait-on pas que c'est l'acheteur qui est en faute
que c'est lui qui a pris l'initiative, et qu'il a sollicité le
vendeur pour lui arracher un consentement; n'est-ce pas
tout le contraire qui est arrivé? Quand une chose dont
personne n'a besoin est offerte à vil prix, elle ne vaut pas
en réalité davantage. L'acheteur, obsédé par les sollicita-
tions peut-être indiscrètes du vendeur, n'a été déterminé
à acheter une chose dont il n'avait aucun besoin que par
l'extrême abaissement du prix; et même en consentant à

prendre la chose moyennant un tel prix, il a rendu service
au vendeur. De quel droit viendrait-on plus tard lui
demander la restitution de la chose ou un supplément du
prix ? Admettre une telle solution, c'est décréter l'emprunt
forcé entre particuliers, c'est faire du socialisme au nom
d'une fausse philanthropie.

VI. En ce qui touche le transport des créances et autres
droits incorporels, nous n'aurons à faire qu'une seule observation. Le Code italien, influencé par la formule adoptée
dans le Code Napoléon, a eu le tort, croyons-nous, de se
servir dans une telle matière d'expressions qui sont tout-
à-fait impropres lorsqu'on les applique aux droits de
créance. L'article 1538 dit en effet : « La vente ou cession
d'une créance, d'un droit ou d'une action est parfaite, et *la
propriété* en est acquise de droit à l'acheteur ou cessionnaire, du moment qu'on est d'accord sur la chose et sur le
prix, quand même la *possession* n'aurait pas encore été
transférée. La *possession* est transférée par la remise du
titre. » Ces locutions *possession* et *propriété* ainsi employées
à propos de droits de créance, offensent toujours la délicatesse du sentiment juridique. L'une des circonstances qui
expliquent le mieux l'incontestable supériorité scientifique
du droit romain classique, c'est qu'il rendait impossible la
moindre confusion entre les droits de créance et les droits
réels. Les procédés employés pour créer les uns et les
autres et pour les transférer étaient tout-à-fait distincts.

Le droit moderne, au contraire, reconnaissant à la volon
humaine une égale puissance dans toutes les hypothèses,
décidé que les droits réels comme les droits de créan
pourraient être créés et transférés par la seule force d
consentement. Aussi n'est-il plus possible, aujourd'hui, c
déterminer la nature d'un droit d'après le mode emplo
pour le constituer, et à chaque instant, dans la pratiqu
on voit s'établir la plus déplorable confusion entre les droi
réels et les droits de créance. Le seul moyen de sauvegard
la pureté des principes toujours menacée par cette confi
sion, c'est de veiller avec scrupule sur l'exactitude d
langage juridique, de n'employer que des expressior
rigoureusement appropriées au sujet et d'éviter surtout le
équivoques. Il ne suffit pas, en effet, pour qu'une loi so
bien faite, que ses prescriptions soient, en elles-mêmes, e
harmonie avec les vrais principes, il faut de plus qu'elle
soient formulées d'une manière irréprochable.

VII. Le Code italien a conservé le *retrait litigieux*, don
la suppression a été cependant demandée par plusieur
économistes qui le considèrent comme contraire à la libert
des conventions. Nous avons applaudi à la disparition d
retrait successoral, mais nous croyons au contraire que l
loi italienne a bien fait de maintenir le retrait litigieux, qu
nous paraît de nature à empêcher souvent des actes
d'oppression. C'est en cela que consiste pour nous
l'unique utilité de cette institution. Les acheteurs de procès

peuvent en effet obéir souvent à un sentiment d'hostilité
contre le prétendu débiteur plutôt qu'à une pensée de
spéculation, et dans cette hypothèse l'exercice du retrait
litigieux nous apparaît comme l'une des manifestations du
droit de légitime défense.

§ 10.

I. Les rédacteurs du Code italien, avant de parler du louage, ont consacré un titre particulier à l'emphytéose. Ce n'est pas cependant sans difficulté que ce contrat a été admis, et la commission du Sénat en avait même proposé la suppression, et rattaché au contrat ordinaire du louage tous les baux à longs termes conçus de n'importe quelle manière.

Il est certain que le législateur ne doit pas facilement sanctionner des conventions qui peuvent gêner, à la longue, la liberté des parties et compromettre l'indépendance de la propriété. Mais, d'un autre côté, l'emphytéose peut rendre d'immenses services appliquée aux terres incultes qu'il s'agit de défricher et mettre en valeur. Or, les terres de cette nature sont très-considérables en Toscane et en Sicile, et le législateur a pensé, avec raison, que l'usage des baux emphytéotiques pourrait en faciliter beaucoup le défrichement. Il ne faudrait pas croire cependant que l'emphytéose ne puisse être employée que pour les terres incultes et non pour les terres déjà mises en culture; la définition qu'en donne la loi italienne le démontre clairement. « *L'emphytéose*, dit en effet l'art. 1556, *est un contrat par lequel le propriétaire d'un fonds le concède à perpétuité ou pour un temps à un autre, à la charge par ce dernier de l'améliorer et de payer une redevance annuelle en argent ou en denrées.* »

Puisqu'il suffit que le concessionnaire s'oblige à *améliorer* le fonds, c'est qu'il n'est pas nécessaire qu'il s'agisse d'un fonds encore tout-à-fait inculte.

Le Code italien considère l'emphytéose comme opérant, au profit du concessionnaire, un véritable transfert du domaine utile sur la chose. En conséquence, l'emphytéote peut disposer du fonds à lui concédé et de ses accessoires, soit par acte entre-vifs, soit par acte de dernière volonté (art. 1562). Mais comme de pareilles concessions sont tout-à-fait contraires à l'esprit moderne, surtout quand elles sont perpétuelles, l'art. 1564 accorde, dans tous les cas, la faculté de rachat à l'emphytéote. « *L'emphytéote*, dit ce texte, *peut toujours racheter le fonds emphytéotique en payant un capital en argent correspondant à la redevance annuelle.* »

Cette faculté de rachat établit, on le voit, une certaine analogie entre le contrat de rente perpétuelle et l'emphytéose. Cependant, il y a lieu de faire une observation toute naturelle: d'après les principes généralement admis dans l'ancien droit, la transmission du domaine utile avec réserve d'une redevance annuelle et perpétuelle empêchait la convention de constituer une emphytéose proprement dite. Le Code italien a eu parfaitement le droit de modifier sur ce point les principes constitutifs d'une telle convention. Cependant les mœurs modernes, qui répugnent à de semblables concessions perpétuelles, exigeaient impérieusement un correctif; ce correctif a été trouvé dans la faculté de rachat accordée au concessionnaire. Mais si l'on conçoit clairement la nécessité de la faculté de rachat pour atténuer les inconvénients de l'emphytéose perpétuelle, on ne voit pas du tout pourquoi la même faculté a été admise pour le cas d'emphytéose même temporaire. Dans cette dernière hypothèse, en effet, il n'y a pas de raison pour permettre à l'une des parties de se soustraire unilatéralement à l'exécution de son obligation.

De son côté, le concédant peut, si l'emphytéote n'use pas de la faculté de rachat, reprendre la possession de l'immeuble dans les deux cas suivants :

1° Si l'emphytéote, régulièrement interpellé, demeure pendant deux années sans payer la redevance;

2° S'il détériore le fonds, ou bien s'il n'exécute pas l'obligation qu'il a prise de l'améliorer.

Telles sont les règles tracées par le Code italien au sujet de l'emphytéose. Il en résulte que le caractère juridique de la convention et du droit, désignés par cette dénomination, a été modifié assez profondément. Sous l'empire du Code

Napoléon, on peut soutenir que l'emphytéose a été supprimée. Cependant elle existe en fait, et même elle est assez
fréquente dans certains départements. Mais il ne faudrait
pas appliquer en France les principes formulés par la loi
italienne. Ainsi, l'emphytéose ne pourrait pas chez nous
être établie à perpétuité, mais seulement pendant un temps
limité ; cela résulte de plusieurs lois promulguées pendant
la période intermédiaire. Par conséquent, alors que dans
le droit italien moderne, la faculté de rachat est une preuve
de l'existence de l'emphytéose, dont elle est une condition
essentielle , dans notre droit français, au contraire, au
moins d'après la doctrine la plus généralement adoptée
et la plus sûre, la stipulation formelle d'une telle faculté
devrait être considérée comme exclusive de toute idée
d'emphytéose.

II. Pour le contrat de louage, le Code italien s'est montré
beaucoup plus étroit que pour l'emphytéose. Ainsi, d'après
l'art. 1571 : « *Les locations d'immeubles ne pourront jamais
excéder trente ans ; celles qui seraient faites pour un temps
plus considérable seraient réductibles au terme indiqué. Toute
convention contraire est nulle.*

» *Néanmoins, s'il s'agit de la location d'une maison pour
l'habitation, il peut être convenu que la location durera pendant toute la durée de la vie du locataire, et même pendant
les deux années qui suivront son décès.*

» *Quant aux locations de terrains tout-à-fait incultes, sous la condition qu'ils seront défrichés et mis en culture, elles peuvent être faites pour plus de trente ans, mais jamais pour plus de cent ans. »*

Toutes ces dispositions nous paraissent beaucoup trop restreindre les droits de la volonté privée. Sans doute, le louage doit être essentiellement temporaire ; un louage perpétuel équivaudrait au transfert de la propriété utile, et par conséquent il faudrait, dans cette hypothèse, reconnaître la faculté de rachat au prétendu fermier. Or, pourvu que le louage soit fait pour un temps seulement, peu importe la durée de ce temps ; pourquoi en limiter la durée à trente ans dans un cas, à cent ans dans un autre, et quelquefois à la vie du locataire ? Il est vrai que les baux de trop longue durée peuvent devenir fâcheux pour une des deux parties ou pour l'autre. Mais alors il y a une chance égale des deux côtés, et on ne voit pas pourquoi on empêcherait les parties de traiter sur les bases qu'il leur plaît d'adopter. Enfin, même en acceptant le système de la loi italienne, il semble qu'on puisse critiquer encore la façon dont elle a cru devoir l'organiser. Le deuxième paragraphe de l'art. 1571 déclare, en effet, que, par exception, le bail pourra durer autant que la vie du locataire dans le cas seulement où il s'agira de la location d'une maison *pour l'habitation....* Pourquoi ne pas avoir étendu cette solution au moins au cas où il s'agira d'employer les locaux à l'exploitation d'une industrie ? Tout le monde sait que, dans les villes même d'une médiocre importance, *un emplacement*

convenable et bien *achalandé*, une *situation* heureuse, peuvent avoir une véritable valeur industrielle. Rien de si
commun que les cessions avantageuses de baux de location ; une *fin de bail* peut être quelquefois une cause de ruine
pour certains genres de commerce. Par conséquent rien ne
doit gêner les parties qui voudraient faire un bail à long
terme, et les dispositions qui viennent restreindre sur ce
point la liberté des contrats, ont pour résultat le plus clair
l'abaissement d'une valeur industrielle qu'il eût été plus
politique de protéger.

Qu'on ne dise pas qu'il était nécessaire de limiter ainsi la
durée du bail pour le distinguer de l'emphytéose. Car d'a-
bord l'emphytéose peut aussi être temporaire ; mais ce qui
aurait dans tous les cas empêché la confusion, c'est que,
d'après la loi italienne, l'emphytéose emporte toujours l'aliénation du domaine utile, et par conséquent le droit de rachat
pour l'emphytéote, tandis qu'il n'aurait jamais pu en être
ainsi pour le bail ordinaire, quelque longue qu'eût été sa
durée. Nous croyons donc que les restrictions dont nous
venons de parler sont regrettables à plus d'un point de vue ;
et, de même que la prohibition que nous avons rencontrée
à propos de la communauté entre époux, elles paraissent
peu en harmonie avec l'esprit libéral qui distingue presque
toujours le Code italien.

La plupart des dispositions du titre du louage, qu'elles
aient trait aux baux à ferme ou aux baux à loyer, au louage
d'ouvrage ou d'industrie, ou au cheptel, sont presque litté-

ralement extraites du Code Napoléon, et nous n'avons que deux innovations principales à signaler.

III. La première est la suppression de la disposition formulée dans l'art. 1781 du Code Napoléon, d'après lequel le maître est cru sur son affirmation : pour la quotité des gages, pour le paiement du salaire de l'année échue, et pour les à-compte donnés pour l'année courante. On sait combien cet article a soulevé en France d'énergiques pro-testations; tous les jours, des pétitions sont adressées au Souverain ou aux grands corps de l'Etat, qui réclament au nom de l'égalité l'abrogation d'une disposition odieuse. Nous approuvons complètement toutes les raisons sur les-quelles on s'appuie pour demander la suppression de l'art. 1781; mais il ne faut pas non plus céder à un entraî-nement irréfléchi, et il nous paraît qu'il serait injuste, c'est-à-dire contraire à l'égalité, d'enlever au maître toute garan-tie pour le laisser à la merci d'un serviteur infidèle.

Supposons, en effet, qu'un domestique réclame le paie-ment de l'année échue, et que le maître oppose qu'il a payé... Si l'on veut appliquer les principes généraux reçus en matière de preuve, la position sera bien simple, le domestique qui est demandeur aura bientôt prouvé le fon-dement juridique de sa demande, qui consiste dans le fait d'avoir servi le maître, au vu et su de tout le monde, pendant toute l'année échue. Ce sera donc au maître qui oppose le paiement à prouver le fait de sa libération... Or,

comment s'y prendra-t-il pour administrer cette preuve?
Dans l'usage les maîtres ne retirent jamais quittance de
leurs serviteurs; et, en fait, ce n'est pas, d'ordinaire, en
présence de témoins qu'ils leur remettent le montant de
leurs gages. Par conséquent, tandis que le domestique
demandeur a toujours une preuve toute faite, le maître
défendeur est nécessairement dénué de tout moyen de
preuve... Est-ce que le principe d'égalité ne serait pas
offensé par une telle situation?... Personne n'oserait
sérieusement le contester. Il faut donc, pour rétablir
l'égalité, accorder aux maîtres une garantie particulière. Tel
a été le but très-légitime de l'art. 1781. Toute la question
est de savoir si le moyen employé pour atteindre ce but a
été bien choisi, et s'il ne faut pas reconnaître qu'il blesse,
dans une certaine mesure, le sentiment égalitaire français.
Pour avoir une opinion raisonnée sur ce point, il serait
utile de savoir quel est, annuellement, le nombre de procès dans lesquels les maîtres invoquent le bénéfice de
l'art. 1781. Une statistique bien faite sur ce point démon-
trerait, nous en sommes convaincu, le peu de danger
pratique de cette disposition. Cependant il n'y aurait pas
d'inconvénient, il y aurait même avantage à donner satisfaction à des susceptibilités respectables, en abrogeant
l'art. 1781, mais à la charge de remplacer la juste garantie
qu'il accorde aux maîtres par une autre dont la forme
serait moins blessante. Quelle devrait être cette autre
garantie?

Le Code italien contient, à propos du bail à colonat, quelques dispositions réglementaires où l'on pourrait trouver le germe d'un système nouveau pour la solution de toutes les contestations pouvant s'élever entre les maîtres et les serviteurs qu'ils emploient n'importe à quel titre.

Voici quelles sont ces dispositions :

Art. 1662. *Le livret du bailleur, s'il contient les divers articles de crédit et de débit, avec l'indication, pour chacun, de l'époque et de la cause, et si les mêmes articles ont été successivement transcrits sur le livret qui doit rester entre les mains du colon, fait pleine preuve tant en faveur du bailleur que contre lui, pourvu que le colon n'ait pas réclamé avant l'échéance des quatre mois depuis le dernier article.*

Le livret gardé par le colon fera pareillement preuve, pourvu qu'il ait été écrit par le bailleur de la manière sus indiquée.

Si le livret de l'une des parties n'est pas représenté parce qu'il a été perdu ou pour toute autre cause, il faudra s'en tenir à l'autre livret.

Art. 1663. *Le livret tenu par le bailleur et le colon dans la forme ci-dessus prescrite, fait preuve également des pactes et conventions particulières intervenus entr'eux.*

Ne pourrait-on pas adopter l'idée qui sert de base à ces dispositions; ordonner en conséquence que les maîtres et les serviteurs seraient tenus d'avoir chacun un livret sur lequel seraient mentionnés le point de départ des services loués, le montant des gages et les paiements effectués? Déclarer que foi pleine et entière serait accordée aux livrets ainsi régulièrement tenus, et qu'à défaut de livrets on appliquerait les principes ordinaires sur la preuve? On pourrait alors abroger sans inconvénient l'article 1781, et alors, si, faute d'avoir tenu régulièrement leur livret, les maîtres se trouvaient dans l'impossibilité d'établir leur libération vis-à-vis de leurs serviteurs, ils ne pourraient s'en prendre qu'à eux-mêmes, puisque la loi leur aurait offert un moyen facile de se procurer une preuve écrite.

IV. C'est au milieu des règles concernant le bail à colonat *(mezzadria o masseria o colonia)* que nous avons trouvé la mention relative aux livrets dont il vient d'être parlé. Le Code italien consacre, en effet, un chapitre spécial à ce genre do bail, dont il est à peine fait mention dans le Code Napoléon. Les nombreux détails dans lesquels sont entrés sur ce point les législateurs italiens démontrent toute l'importance qui lui est attribuée en Italie. Nous avons du reste fait plus d'une fois remarquer combien, sur toutes les matières intéressant l'agriculture, le Code italien, inspiré par la législation sarde, l'emporte sur les autres Codes de l'Europe. On pourrait peut-être trouver que la loi italienne s'est montrée sur ce point trop minutieuse, et qu'elle aurait mieux fait de s'en rapporter plus souvent aux usages locaux. Nous croyons toutefois que lorsqu'il s'agit de régler les rapports si multiples et si variés qui s'établissent entre le propriétaire et ceux qui, par leur travail, doivent féconder le sol, le législateur ne doit pas être avare de décisions; rien n'est au-dessous de lui ni indigne de ses prescriptions. Il lui appartient d'influer sur les vieux usages par une réglementation plus savante et plus juste; et, pourvu qu'il laisse à la volonté des parties toute son indépendance, il ne sort pas de son rôle s'il cherche à présumer ou à interpréter cette volonté quand elle n'a pas été manifestée d'une manière expresse. C'est ce qu'a fait le Code italien quand il a si bien tracé les règles du colonat ; c'est ce qu'il aurait fait pour toutes les parties du contrat de louage s'il n'avait pas édicté les restrictions dont nous avons parlé.

V. Le Code italien, après avoir traité du louage, s'occupe ensuite successivement

de la société,

du mandat,

de la transaction,

de la constitution de rente,

de la rente viagère,

du jeu et du pari,

du commodat,

du prêt de consommation et à intérêts,

du dépôt et du séquestre,

du gage et de l'antichrèse,

et du cautionnement.

Pour toutes ces matières, le Code Napoléon a été fidèlement suivi dans toutes ses dispositions ; le travail des rédacteurs du Code italien a consisté seulement à éliminer certains articles paraissant inutiles, comme n'étant que la conséquence de principes déjà posés.

Nous devons cependant faire remarquer que l'art. 1975 du Code Napoléon, aux termes duquel : *toute rente viagère est nulle lorsqu'elle a été créée sur la tête d'une personne atteinte de la maladie dont elle est décédée dans les vingt jours de la date du contrat*, n'a pas trouvé place dans le nouveau Code italien. Le motif de cette suppression est facile à comprendre. En effet, quoique personne ne puisse contester la légitimité de la solution contenue dans l'art. 1975 lorsqu'on l'examine théoriquement, il faut cependant reconnaître que l'efficacité pratique de cette même solution est fort douteuse. Il est bien difficile, en effet, de pouvoir affirmer avec certitude qu'une personne était, au moment du contrat, atteinte d'une maladie dont elle est précisément morte dans les vingt jours. La mort peut résulter d'une toute autre cause, et quelque confiance qu'on ait dans les données de la médecine, il serait peut-être téméraire d'asseoir une décision sur des relations médico-légales toujours quelque peu hypothétiques ; et il n'est rien de plus scabreux que le jugement des procès auxquels donne lieu l'art. 1975 ; aussi est-il peut-être préférable de refuser l'action à cause de la difficulté de la preuve, et d'éviter ainsi des procès dans lesquels la lumière ne pourrait être faite.

VI. Mais l'innovation la plus considérable que nous

ayons à signaler dans toute la matière des contrats, est
celle qui regarde le prêt à intérêt. Le nouveau Code italien
proclame en effet la liberté, pour les parties contractantes,
de fixer à leur gré le taux de l'intérêt ; voici le texte des
dispositions qu'il renferme sur ce point :

Art. 1831. *L'intérêt est légal ou conventionnel.*

*L'intérêt légal est fixé à cinq pour cent en matière civile, et
à six pour cent en matière commerciale ; cette fixation doit
être appliquée dans tous les cas où des intérêts sont dus, sans
qu'il y ait eu de convention qui en établisse le taux.*

*L'intérêt conventionnel est réglé par la volonté des parties
contractantes.*

*Dans les matières civiles, l'intérêt conventionnel qui excède
le taux légal ne peut résulter que d'un écrit ; sinon il n'est dû
aucun intérêt.*

Art. 1832. *Le débiteur peut toujours, après cinq années à
partir du contrat, rembourser le capital portant un intérêt
supérieur au taux légal, nonobstant toute clause contraire.
Toutefois, il devra, six mois à l'avance, en donner par écrit
avis au créancier. Cet avis emportera de plein droit renonciation
au terme plus long qui aurait été convenu.*

Ces deux articles sont la reproduction d'une loi spéciale
qui fut votée en 1857 pour les Etats sardes sous l'influence
de l'illustre Cavour, dont les principes économiques étaient
très-avancés. Cette loi régit donc les anciens Etats sardes
depuis dix années, et elle n'y a pas plus causé de pertur-
bation que dans les autres pays qui ont aussi adopté le

principe de la liberté du taux de l'intérêt. Ce principe est destiné à être reconnu chez tous les peuples ; l'Autriche elle-même, qui d'ordinaire ne donne pas le signal des innovations hasardées, vient de l'introduire dans sa législation (1), et tout donne lieu de croire que la France en fera autant dans un avenir peu éloigné.

La question de la liberté de l'intérêt est une de celles qui passionnent encore le plus les esprits ; elle se complique en effet du souvenir, non encore effacé, des vieilles prohibitions de l'Eglise, des justes réclamations des économistes, et des énergiques protestations de leurs adversaires. Quant aux jurisconsultes, ils ne sont pas tous d'accord sur la solution qu'il faudrait adopter, et cependant il semble que les vrais principes du droit l'indiquent clairement et qu'il n'y ait pas à hésiter.

Il est impossible, en effet, de trouver une base juridique à la limitation du taux de l'intérêt, car on ne pourrait que la rattacher à la théorie de la lésion. Or, nous savons ce qu'il faut penser de la rescision des conventions pour cause de lésion.

La théorie de la lésion n'a pu s'introduire dans le droit qu'en violation des règles qui assurent l'efficacité des conventions librement conclues ; elle est le résultat d'une erreur de doctrine. Admettons cependant la légitimité de la

---

(1) *Journal des Économistes*, 1866, janvier, 1er cahier, p. 46. — Discours d'ouverture du cours d'économie politique au Collége de France, par M. Baudrillart.

rescision pour cause de lésion, telle qu'on la conçoit, et
voyons à quels contrats il sera logiquement possible de
l'appliquer.

N'est-il pas évident que la théorie de la lésion ne peut
avoir d'application qu'à l'égard des contrats dont la nature
juridique ne résiste pas à l'idée de rescision, c'est-à-dire à
un complet rétablissement des parties dans leur état antérieur? Or, il n'y a que deux contrats synallagmatiques qui
soient dans ce cas, la vente et le partage. Tous les autres
contrats synallagmatiques sont manifestement incompatibles avec toute idée de *rescision ;* tels sont : le louage, le
mandat salarié, la société, etc. Cela est surtout manifeste
pour le contrat de louage : supposons que dans une grande
ville le nombre des appartements à louer soit de beaucoup
inférieur au nombre de ceux qui cherchent à se loger. Les
locataires ne seront-ils pas à la merci du propriétaire, ne
devront-ils pas subir sa loi pour si dure qu'elle soit?...
Pourront-ils plus tard, quand ils auront joui des locaux,
demander la rescision pour cause de lésion?... Quel est
le législateur qui, à moins de se lancer dans les procédés les plus révolutionnaires, oserait leur accorder ce
droit!...

C'est pourtant cette solution, qui serait insensée appliquée à des contrats synallagmatiques autres que la vente
et le partage, qu'on a étendue au prêt à intérêt, c'est-à-
dire à un contrat unilatéral!...

La limitation du taux de l'intérêt, avec faculté de répéter

les intérêts usuraires, n'est autre chose, en effet, que l'application au contrat de prêt de la théorie de la rescision pour cause de lésion. C'est une inconséquence entée sur une erreur.

Peu importe que, dans le développement historique du droit, la limitation de l'intérêt ait précédé de beaucoup l'apparition de la rescision en matière de vente ou de partage; au fond, rien de plus exact que notre assertion, car, en dehors de l'idée de lésion, il serait impossible d'assigner une base juridique quelconque aux prohibitions de la loi en matière d'intérêts.

Or, le raisonnement que nous avons fait à propos du louage, nous pouvons le faire à propos du prêt.

Celui qui est assez heureux pour obtenir le prêt d'une somme d'argent qui lui est indispensable consentira à payer, peut-être fort cher, le service qu'on lui rend. Mais quand il se sera servi du capital prêté, qu'il aura rétabli ses affaires, ou sauvé son honneur, est-il juste de l'écouter s'il vient se plaindre, s'il vient réclamer la restitution des intérêts perçus par son créancier, c'est-à-dire la rescision du contrat?... Si sa réclamation doit être admise, c'est donc que la loi l'autorisait en quelque sorte à pratiquer un emprunt forcé!... Le capitaliste, dira-t-on peut-être, a certainement abusé de sa position; c'est possible. Mais le débiteur qui, au moment où il venait solliciter le prêteur, en adhérant à toutes ses exigences, avait l'arrière-pensée d'invoquer le bénéfice de la loi pour se dispenser

de tenir ses engagements, n'abusait-il pas aussi de la protection que lui accordait le législateur? En réalité, il s'est
servi de la loi pour extorquer au créancier un prêt que ce
dernier ne lui aurait pas fait à d'autres conditions.

Cependant, le créancier va être obligé de restituer les
intérêts perçus au-delà du taux légal, c'est-à-dire que le
contrat va être *rescindé*, du moins autant qu'il peut l'être.
Or, il est impossible, dans ce cas, de rétablir les parties
dans le même état qu'avant... Si le prêt n'avait pas eu lieu,
peut-être que le créancier, en employant son argent dans
l'industrie, aurait décuplé son capital. Pour remettre les
parties au même état qu'avant, car l'équité la plus *cérébrine*
ne pourrait exiger davantage, il faudrait pouvoir effacer le
temps écoulé et revenir en arrière, ce qui revient à dire
que, même en admettant la rescision pour cause de lésion,
il est impossible de l'appliquer au prêt à intérêt. Du reste,
si la société a le droit de limiter le taux de l'intérêt, il
faut aussi lui reconnaître le droit de limiter le taux des
loyers, et dans une pareille voie, il est difficile de savoir où
l'on *pourra s'arrêter.*

Si maintenant aux considérations juridiques que nous
venons de produire, on veut ajouter les puissantes raisons
données par les économistes, on sera convaincu que le
Code italien a bien fait de proclamer la liberté des conventions en ce qui concerne le taux de l'intérêt.

§ 11.

I. Nous arrivons maintenant à l'une des parties les plus importantes du Code italien, nous voulons parler du régime hypothécaire.

La base du système adopté est, comme en France, la publicité des droits réels obtenue au moyen de la transcription des actes qui les constatent. Aussi le Code italien consacre-t-il un titre spécial, le XXIIe, à la théorie de la transcription. A cet égard, les rédacteurs du Code italien avaient à se demander si, le principe de la transcription étant admis, il fallait organiser la matière en prenant pour guide la loi du 11 brumaire an VII, ou bien la loi du 23 mars 1855.

Ils ont préféré adopter comme base de leur système hypothécaire les dispositions de la loi de brumaire ; en conséquence, le cours des inscriptions se trouve arrêté par le fait même de la transcription, à l'égard de tous les créanciers sans distinction, et il n'y a pas de délai particulier accordé au vendeur ou au copartageant.

Nous n'avons pas à revenir ici sur les critiques qui ont été dirigées contre la loi du 23 mars 1855 ; il est certain que cette loi a été un grand bienfait et qu'elle se proposait d'être plus équitable que la loi de brumaire ; mais il faut reconnaître cependant que son mécanisme, beaucoup plus compliqué, est de nature à créer souvent des difficultés dont il est bien difficile de sortir. Aussi ne sommes-nous pas surpris que l'Italie, ayant eu à choisir, ait préféré les dispositions de la loi de brumaire.

Quoi qu'il en soit, voici comment la transcription a été organisée :

D'abord, il n'y a que les actes entre-vifs, translatifs ou constitutifs de droits réels, qui soient soumis à la transcription ; ensuite, quelques autres contrats, tels que les baux d'immeubles excédant neuf années, et les actes de société ayant pour objet la jouissance de biens immeubles et dont la durée est indéterminée ou excède aussi neuf années (art. 1932).

Doivent encore être transcrits *en vue des effets spéciaux établis par la loi :*

1° Le commandement préalable à l'expropriation forcée ;

2º Les déclarations d'acceptation d'hérédité sous bénéfice d'inventaire;

3º Les demandes en révocation, résolution ou rescision, intentées dans les cas prévus par les art. 1080, 1088, 1235, 1308, 1511, 1553 et 1787. La transcription de ces demandes doit être faite en marge de la transcription de l'acte d'aliénation auquel elles se rapportent (art. 1933).

L'extension de la transcription à toutes les demandes qui peuvent aboutir à la résolution d'un droit réel, est une conception fort heureuse dont l'idée première se trouve dans l'art. 958 C. N., relatif à l'action en révocation des donations pour cause d'ingratitude. Mais il est certain qu'il était impossible d'étendre plus loin le principe de la publicité. Les mutations par décès résistent manifestement à toute transcription, et pour les actes simplement déclaratifs de droits, cette formalité est inutile.

La transcription n'étant qu'une formalité de publicité, devait évidemment produire un effet absolu; en conséquence, l'art. 1941 déclare que, quelle que soit la partie qui ait fait transcrire le titre, la transcription profite à tous ceux qui y ont intérêt.

L'art. 1942 règle ensuite l'effet direct et précis de la transcription; cette disposition, qui est le fond de tout le système, est ainsi conçue:

« *Tant que les jugements et actes énoncés en l'art. 1932* (ceux à l'égard desquels la transcription est nécessaire) *n'ont pas été transcrits, ils n'ont aucun effet à l'égard des tiers* qui ont acquis, à un titre quelconque et légalement conservé, des droits réels sur l'immeuble.

» Pareillement, tant que la transcription d'un acte d'aliénation n'a pas été faite, aucune transcription ou inscription de droits réels acquis du chef du nouveau propriétaire ne peut préjudicier à l'hypothèque légale accordée au vendeur non payé.

» Quand la transcription d'un acte d'aliénation a eu lieu, aucune transcription ou inscription de droits réels du chef du précédent propriétaire ne peut nuire à l'acquéreur, quand même la concession du droit réel dont il s'agit remonterait à une époque antérieure à l'acte d'aliénation transcrit. »

C'est, on le voit, le système de la loi de brumaire qui est ainsi consacré; il nous suffit de le constater. Les questions diverses que soulève dans la pratique l'application de ce système sont trop connues pour que nous en entreprenions ici la discussion. Arrivons tout de suite à la distinction à établir entre les priviléges et hypothèques.

II. Nous laisserons de côté ce qui a trait aux priviléges, soit généraux, soit spéciaux sur les meubles, parce qu'il n'y a pas eu en cette matière d'innovation bien saillante.

Nous mentionnerons seulement que le privilége du bailleur sur les fruits de l'année, et tout ce qui garnit la ferme ou sert à son exploitation, a été maintenu. Nous le remarquons, parce que certains économistes ont violemment attaqué ce privilége, qui leur paraît compromettant pour le crédit du fermier ; car, disent-ils, il empêche un fermier *peu aisé* de se procurer à crédit les diverses choses nécessaires à une bonne exploitation ; en conséquence, il faut abolir le privilége du bailleur..... Qu'en résultera-t-il ? C'est qu'un agriculteur *peu aisé* ne sera nulle part accepté comme fermier.....

L'examen des priviléges sur les immeubles nous arrêtera plus longtemps ; nous verrons que leur nombre a été singulièrement restreint ; et les motifs d'une telle innovation nous démontrent que la théorie italienne sur les causes de préférence entre créanciers repose sur une appréciation scientifiquement plus exacte du vrai caractère juridique des priviléges et des hypothèques.

Le point de départ de toute doctrine sur ce point, c'est que le privilége est une cause de préférence résultant *uniquement* de la qualité de la créance. Or, lorsqu'il s'agit d'immeubles, subordonner l'efficacité du privilége à la formalité d'une inscription, c'est en réalité ne plus tenir compte du caractère de la créance, et confondre à peu près, du moins en fait, le privilége avec l'hypothèque. Sans doute on pourra alléguer que, pour la vente, c'est la transcription qui crée le privilége en même temps qu'elle le rend public ; que, pour le copartageant, l'inscription prise en temps utile rétroagit toujours, de manière à ce que le privilége produise ses effets à partir du jour de la créance ; mais, même en acceptant tous ces palliatifs, il sera toujours vrai de dire que l'utilité d'un privilége ne dépend pas uniquement de la qualité de la créance, puisqu'il faut, de plus, l'accomplissement d'une formalité extérieure. Aussi, pour mettre sur ce point le droit pratique en parfaite harmonie avec les données abstraites de la théorie, les rédacteurs du Code italien ont posé en principe que les priviléges, lorsqu'ils portaient sur des immeubles, n'avaient jamais besoin pour produire leur effet utile d'être rendus publics par une inscription quelconque ; que la seule qualité de la créance, considérée en elle-même, suffisait pour la faire admettre à son rang avant les créances hypothécaires.

On conçoit dès-lors qu'une telle conception devait avoir pour résultat immédiat de restreindre beaucoup le nombre des priviléges, et de faire passer dans la classe des créances garanties par une hypothèque légale un certain nombre de créances que le Code Napoléon a classées parmi les priviléges proprement dits sur des immeubles.

En conséquence, la loi italienne, en fait de créances privilégiées sur les immeubles, ne reconnaît que les suivantes :

1° Les frais de poursuite, d'expropriation et d'ordre (art. 1964) ;

2° La créance de l'Etat pour l'impôt foncier de l'année courante et de l'année précédente, y compris les contributions communales et municipales, sur tous les immeubles des contribuables situés dans le territoire de la commune où l'impôt est perçu ;

3° Les créances de l'Etat pour droits d'enregistrement ou autre contribution indirecte, seulement sur les immeubles qui y ont donné lieu, et sans que ce privilége puisse préjudicier aux droits réels acquis aux tiers avant la mutation qui a donné ouverture à la perception du droit (art. 1962).

Telles sont les seules créances à qui appartient proprement la qualité de privilégiées sur les immeubles, et qui, à ce titre, sont préférées aux créances simplement hypothécaires, sans avoir besoin d'être soumises à la formalité de l'inscription.

III. Quant à l'hypothèque, au contraire, le principe général c'est qu'elle ne peut produire d'effet qu'à la condition d'avoir été rendue publique (art. 1965). Et c'est parmi les créanciers dont les droits sont garantis par une hypothèque légale que sont placés le vendeur ou aliénateur quelconque, et le copartageant, ainsi que l'Etat, à raison des frais de justice dus en matière pénale (art. 1969).

Le système que nous venons d'exposer est beaucoup plus simple que celui qui a été suivi par le Code Napoléon, et qui consiste à soumettre certains priviléges sur les immeubles à la nécessité d'une inscription. Sans doute, au fond, il n'y a pas grande différence ; et peu importe, ce semble, que les droits du vendeur, par exemple, soient assurés au moyen d'une garantie appelée privilége ou hypothèque, si dans tous les cas une inscription est nécessaire. Cependant, quoiqu'il ne s'agisse en apparence que d'une question de mots, il n'est pas indifférent d'adopter telle ou telle terminologie. Et il est certain que la théorie de la loi est plus facile à formuler en articles, plus aisée à comprendre et à expliquer, lorsqu'il est admis qu'il n'est jamais question d'inscription pour les priviléges, et que toutes les hypothèques soit légales, soit conventionnelles, soit judiciaires, sont régies par des règles à peu près identiques.

IV. Au sujet de l'hypothèque, mentionnons d'abord qu'indépendamment des choses qui, d'après le Code Napoléon, sont susceptibles d'hypothèques, le Code italien considère en outre comme pouvant être hypotéqués, les droits du bailleur à emphythéose et de l'emphytéote lui-même, et enfin les rentes sur l'Etat, moyennant l'observation des formalités prescrites par les lois spéciales (art. 1967). Cette dernière solution est de la plus haute gravité. Pour en bien comprendre la portée, il nous faudrait connaître toutes les lois particulières qui ont trait en Italie à la dette publique. N'est-il pas manifeste, en effet, que le principe de l'insaisissabilité des rentes de tout temps considéré, du moins en France, comme l'une des bases du crédit de l'Etat, se trouve radicalement détruit par la disposition qui déclare les rentes sur l'Etat susceptibles d'hypothèques ? Elles pourront donc être saisies et vendues ? Et si elles peuvent être grevées d'un droit réel spécial au profit d'un créancier, il faut nécessairement reconnaître qu'elles deviennent de plein droit, avec tout le reste du patrimoine, le gage commun de tous les créanciers... Par conséquent il faut les déclarer saisissables purement et simplement. Les lois particulières vont-elles jusque-là? C'est ce que nous ne saurions affirmer, mais nous serions naturellement porté à supposer la négative.

V. Les hypothèques sont divisées, comme chez nous, en hypothèques légales, judiciaires et conventionnelles. Le principe général qui domine la matière, c'est que : *l'hypothèque n'a pas d'effet tant qu'elle n'a pas été rendue publique* (art. 1965).

Les hypothèques légales sont les suivantes :

1° Celles du vendeur ou de celui qui a aliéné une chose, n'importe à quel titre, pour sûreté des obligations dérivant de l'acte d'aliénation;

2° Des cohéritiers, associés ou autres copartageants;

3° Des mineurs et interdits;

4° De la femme mariée;

5° De l'Etat, sur les biens du condamné, pour le recouvrement des divers frais de justice en matière pénale. Cette dernière hypothèque est légale, parce qu'elle peut être inscrite même avant la condamnation et en vertu du mandat d'arrêt. Cette hypothèque profite aussi à la partie civile pour sûreté des dommages alloués par la sentence; mais la loi ajoute que les frais de défense sont toutefois préférés aux frais de justice et aux dommages (art. 1869). Toutes ces dispositions sont fort heureusement inspirées et

d'une évidente utilité pratique. On sait, en effet, que lorsqu'un individu ayant quelque fortune est poursuivi pour
un crime dans des circonstances qui rendent une condamnation probable, son premier soin, après son arrestation,
est de mettre sa fortune à l'abri de l'action du fisc et de
celle de la partie civile.

Pour l'hypothèque conventionnelle, nous remarquons
qu'elle peut être établie aussi bien par acte sous-seing
privé que par acte public (art. 1978). La nécessité d'un
acte public est en général justifiée par cette considération
qu'il est bon d'empêcher que les hypothèques soient con-
senties légèrement, et que ce résultat sera obtenu si on
exige l'intervention d'un notaire, lequel pourra éclairer
le débiteur sur les graves conséquences de l'hypothèque.
Nous doutons singulièrement de l'efficacité du moyen
employé. Aussi ne voyons-nous aucun inconvénient dans
l'innovation consacrée par le Code italien, alors surtout que
cette innovation se trouve, par le fait, réduite à bien peu
de chose. L'art. 1989 décide en effet que l'inscription d'une
hypothèque consentie par acte privé ne peut avoir lieu que
si la signature du débiteur a été certifiée par un notaire
ou reconnue en justice.

Nous avons vu que, selon le Code italien, toutes les hypothèques sans exception sont soumises à la nécessité
d'une inscription. Il ne suffisait pas de poser le principe,
il fallait encore en organiser l'application; les rédacteurs
du nouveau Code ont trouvé dans les lois antérieures les

bases d'un système pouvant fonctionner avec une simplicité extrême.

L'hypothèque légale de la femme, dit l'art. 1982, *devra*
être inscrite par les soins du mari et du notaire dans le
délai de vingt jours à compter de la date du contrat de
mariage ; elle *pourra* aussi être inscrite à la requête de
celui qui a constitué la dot, ou de la femme.

Quant à l'hypothèque légale des mineurs et interdits,
elle devra être inscrite dans les vingt jours de la délibération du conseil de famille relative à la caution que doit
donner le tuteur, et ce, par les soins du tuteur, du pro-
tuteur et du greffier qui a assisté à la délibération
(art. 1983).

Si les personnes chargées de prendre les inscriptions
dont il vient d'être parlé ne l'ont pas fait dans le délai
voulu, elles seront, le cas échéant, tenues de tous dommages-intérêts et passibles d'une amende qui pourra être
portée jusqu'à mille francs.

Enfin, pour ce qui a trait à l'hypothèque légale du vendeur, le conservateur des hypothèques est tenu de l'inscrire
d'office quand l'acte d'aliénation lui est remis pour être
transcrit.

Tel est le système peu compliqué à l'aide duquel le Code
italien a réalisé la publicité la plus complète qu'on puisse
désirer en matière d'hypothèques. Ce système est évidemment supérieur à la pratique française, même en tenant
compte des améliorations introduites par l'art. 8 de la

lói du 23 mars 1855. Il a de plus le grand avantage de rendre complètement inutile cette purge des hypothèques légales dispensées d'inscriptions qui absorbe chaque année en France des sommes si considérables, et qui est, dans la pratique, une source de difficultés toujours les mêmes et reparaissant toujours.

VI. Mais nous ne pouvons pas accorder la même approbation à la disposition par laquelle le nouveau Code a décidé que l'inscription conservait pendant trente ans le droit hypothécaire, et qu'il n'était nécessaire de la renouveler qu'avant l'expiration des trente années à compter de sa date (art. 2001). Cette innovation malheureuse pourra entraîner dans la pratique les inconvénients les plus considérables. On voit, en effet, très-fréquemment, que lorsque le créancier a donné main-levée de son hypothèque, le débiteur, pour éviter les frais de radiation, se résigne à attendre la péremption naturelle de l'inscription. L'inscription continue, en conséquence, de grever en apparence l'immeuble, quoiqu'en réalité l'hypothèque n'existe plus. La même chose avait lieu souvent en France, au moins autrefois, à l'égard des ordonnances de radiation rendues par les juges commissaires à suite des ordres définitifs. Aussi il arrivait souvent que lorsqu'un état des inscriptions grevant un immeuble déterminé était réclamé, cet état, au lieu de présenter la véritable situation hypothécaire de l'immeuble, était grossi par des inscriptions nombreuses se référant à des hypothèques éteintes, et dont la radiation n'avait pas été effectuée. Sans doute, il était bien facile au propriétaire de rétablir la vérité de la situation en produisant les actes de main-levée qui étaient entre ses mains ; mais en attendant, une somme quelquefois très-forte avait été dépensée en pure perte pour obtenir un état des inscriptions tout-à-fait mensonger. Or, cet inconvénient existait déjà et existe encore dans une certaine mesure en France, quoiqu'il suffise d'une période décennale pour anéantir toutes les inscriptions non renouvelées ; il est certain que ce même inconvénient se produira avec une intensité qui sera précisément trois fois plus forte, s'il faut trente ans au lieu de dix ans pour faire évanouir les inscriptions hypothécaires. Les juristes italiens, dont le sens pratique est si justement célèbre, ne pouvaient pas, évidemment, ignorer ces conséquences probables et même certaines de la solution qu'ils adoptaient. Comment, donc se fait-il qu'ils n'aient pas préféré n'accorder de valeur à l'inscription que pendant une période décennale? Nous croyons qu'ils étaient tout-à-fait absorbés par la préoccupation d'une autre question, fort importante aussi, et en vue de laquelle ils ont cru nécessaire de maintenir pendant trente ans les effets de l'inscription. Ils se proposaient, en effet, comme nous allons le voir, de supprimer l'extinction de l'hypothèque par l'effet de la prescription de dix ou vingt ans accomplie au profit du tiers détenteur, et c'est probablement en vue de cette décision, qu'ils ont ainsi prorogé pendant trente ans l'effet conservatoire de l'inscription. Quoi qu'il en soit, et pour terminer ce qui a trait au renouvellement des inscriptions, nous devons mentionner que l'inscription de l'hypothèque légale de la femme mariée conserve son effet, sans renouvellement, pendant toute la durée du mariage, et même pendant l'année qui suit sa dissolution (art. 2004).

VII. Le rang des hypothèques entr'elles est naturellement fixé par la date des inscriptions. Mais comment fallait-il régler le cas célèbre du concours des hypothèques spéciales avec des hypothèques générales?... Le Code italien a prévu la difficulté, et l'a tranchée de la manière suivante par l'art. 2014, ainsi conçu :

« *Le créancier ayant hypothèque sur un ou plusieurs immeubles, et qui n'est pas payé sur le prix de ces immeubles à cause de la préférence due à un créancier antérieur dont l'hypothèque s'étend encore sur d'autres biens, est subrogé de plein droit à l'hypothèque de ce créancier désintéressé, et peut faire mentionner cette subrogation en marge de l'inscription de ce dernier, à l'effet d'exercer l'action hypothécaire sur ces autres biens, et d'être préféré sur le prix d'iceux aux créanciers postérieurs à son inscription. Le même droit appartient aux créanciers non payés par l'effet de cette subrogation. La présente disposition est applicable aux créanciers non entièrement payés par l'effet du privilége général appartenant à l'État pour la rentrée de l'impôt.* »

Cette solution, empruntée au Code sarde, rend impossibles les manœuvres par lesquelles un créancier ayant une hypothèque générale pourrait chercher à abuser de sa position vis-à-vis des créanciers postérieurs n'ayant que des hypothèques spéciales.

Il convient de rapprocher de la disposition qu'on vient de lire, celle de l'art. 2087 qui en forme le complément.

Art. 2087. « *Le créancier ayant hypothèque sur plusieurs immeubles ne peut plus, après avoir reçu la notification à fin de purge, ou la notification du placard de vente, en cas de saisie, renoncer à son hypothèque sur l'un de ces immeubles, ou s'abstenir volontairement de produire dans l'ordre, en vue de favoriser un créancier au préjudice d'un autre antérieurement inscrit, et ce à peine de dommages.* »

Il serait heureux que des dispositions analogues fussent insérées dans le Code français, car, dans l'état actuel des choses, il est quelquefois difficile, dans les ordres, de donner satisfaction aux exigences de l'équité.

VIII. Nous devons maintenant parler de l'extinction des hypothèques. Le Code Napoléon, partant de cette idée que le tiers acquéreur de bonne foi d'un immeuble qu'il ne sait pas être hypothéqué, doit obtenir par l'usucapion de dix ou vingt ans le dégrèvement de son fonds, et que les renouvellements d'inscriptions ne peuvent être considérés comme des actes interruptifs de prescription, décide, par l'article 2180 § 4, que la prescription est acquise au tiers détenteur par le temps réglé pour l'usucapion de la propriété à son profit. Cette solution est incontestablement conforme aux principes ; cependant il est impossible de méconnaître les iniquités qu'elle peut entraîner. Voilà, en effet, un créancier qui ignore l'aliénation faite par son débiteur de l'immeuble hypothéqué ; il aura toujours soin de renouveler son inscription ; nonobstant la vente, les intérêts continueront de lui être régulièrement payés, et puis un jour viendra où tout d'un coup le paiement sera interrompu, où il découvrira que son débiteur est insolvable, que l'immeuble qui avait été affecté à la sûreté de sa créance, et sur lequel il comptait, est depuis plus de dix ans entre les mains d'un tiers détenteur, et, que par l'effet d'une prescription acquisitive accomplie au profit de ce dernier, son hypothèque a disparu !... Ce résultat n'est-il pas vraiment odieux ?... Aussi les rédacteurs du Code italien, bien loin de le sanctionner, ont cherché à l'éviter ; voyons si le moyen employé est bien juridique.

L'article 2130 du Code italien est ainsi rédigé :

« *Les hypothèques s'éteignent par l'effet de la prescription, laquelle, à l'égard des biens possédés par le débiteur, s'accomplit en même temps que la prescription de la créance, et, à l'égard des biens possédés par un tiers détenteur, s'accomplit aussi par le délai de trente ans, conformément aux règles contenues au titre de la prescription.* »

Nous remarquerons d'abord que, d'après les règles contenues au titre de la prescription, l'extinction de l'hypothèque

devrait résulter de la prescription de dix ans dans le cas
où le tiers détenteur aurait possédé avec juste titre et
bonne foi, et qu'elle ne pourrait résulter d'une prescription de trente ans qu'en l'absence de la bonne foi ou du
juste titre. Par conséquent, de deux choses l'une : ou les
rédacteurs du Code italien ont persisté à croire, d'après
les données les plus sûres de la doctrine qui n'a jamais
varié à cet égard, que l'hypothèque disparaissait par
l'effet indirect d'une prescription *acquisitive* consommée au
profit du tiers détenteur; et alors, en fixant toujours à
trente ans le délai de cette prescription, ils ont méconnu
les règles mêmes de la matière; ou bien, ce qui est plus
probable, ils ont voulu dire que désormais l'hypothèque
ne s'éteindrait plus que par l'effet direct d'une prescription
libératoire soumise au délai ordinaire de trente années; et
alors on peut les accuser d'avoir méconnu le vrai caractère
de l'action hypothécaire, qui est d'être une action *réelle*.

Quoi qu'il en soit, il nous semble que le moyen le plus
simple de mettre le créancier à l'abri des effets d'une prescription qu'il ignore presque toujours, était de déclarer :
1° que les inscriptions hypothécaires devraient être renouvelées tous les dix ans avant l'expiration de chaque période
décennale; 2° que le renouvellement serait de plein droit
interruptif de prescription. Il faut reconnaître, en effet,
que si le Code Napoléon a décidé, dans l'art. 2180, que
le renouvellement des inscriptions n'interrompait pas le

cours de la prescription, c'est par suite de notions rigoureuses et même peu exactes sur le caractère essentiel des
actes interruptifs de prescription.

On était, en effet, parti de cette idée qu'un acte interruptif de prescription doit nécessairement contenir une
interpellation personnelle, directement adressée à celui
contre qui la prescription doit être interrompue. Et comme
l'inscription prise au bureau des hypothèques ne peut
aucunement contenir une telle interpellation, on a décidé
qu'elle ne pourrait jamais interrompre la prescription.

La base de ce raisonnement est fausse : d'abord, dans
le droit romain classique, il n'existait pas de modes civils
d'interruption de l'usucapion ; l'action en revendication
n'avait pas pour effet, comme on le sait, d'interrompre le
cours de l'usucapion, et c'était seulement par l'*arbitrium
judicis* que le demandeur était restitué contre les effets
d'une usucapion qui s'était accomplie pendant la durée de
l'instance. L'usucapion ne pouvait être interrompue que par
l'interruption *naturelle* de la possession. La théorie des
modes *civils* d'interruption n'a été introduite dans le droit
que sous l'influence des principes relatifs à la *prescriptio
longi temporis*; et alors, pourvu qu'un acte civil quelconque
démontrât d'une manière non équivoque l'intention où était
le propriétaire d'exercer son droit, la loi put attacher à cet
acte un effet interruptif. Or, en fait, il arriva que le préteur
n'attribua un effet interruptif qu'à des actes constituant une
véritable interpellation adressée au débiteur ou au posses-

seur, et on s'habitua dès lors à considérer l'interruption civile de la prescription comme ne pouvant résulter que d'une interpellation personnelle et directe. Les Codes modernes ont reproduit ce point de vue exagéré, tandis qu'il suffisait d'exiger que l'acte interruptif montrât claire-ment la volonté de ne pas abandonner le droit dont on était investi.

On ne peut pas, en effet, demander à l'interruption civile plus qu'à l'interruption naturelle; or, l'interruption natu-relle ne contient aucune espèce d'interpellation.

IX. Nous n'avons plus que deux remarques à faire pour terminer ce qui a trait au régime hypothécaire. La pre-mière est relative à la purge, qui a toujours pour objet, comme on l'a vu, des hypothèques inscrites. « *L'acquéreur,* dit l'art. 2042, *n'est pas admis à procéder à la purge tant qu'il n'a pas au préalable fait inscrire, dans l'intérêt de la masse des créanciers du vendeur, l'hypothèque légale garan-tissant le prix de vente.* » Cette disposition est des plus heureuses : elle empêchera souvent les créanciers du ven-deur d'être victimes de l'indifférence coupable de leur débi-teur, qui ne voudra peut-être prendre aucune espèce d'intérêt aux suites d'une vente dont il ne pourra pas toucher le prix.

X. La seconde remarque est relative au *droit de vue* qui existait dans les anciennes provinces, et que le nouveau

Code a eu le tort de conserver. Les citoyens qui veulent consulter les registres des hypothèques ne sont pas tenus, comme en France, de requérir la délivrance d'un état des inscriptions ; ils peuvent, s'ils le préfèrent, demander *la vue* ou *l'inspection* des registres, qui sont mis alors à leur disposition, mais sans pouvoir en prendre copie (art. 2066).

Cette faculté accordée au public d'aller consulter matériellement les registres eux-mêmes paraît contraire aux principes *de la conservation* des hypothèques ; et les inconvénients qui en résulteront seront singulièrement aggravés sous l'empire du nouveau Code, puisque les registres devront *durer trente années*. Il faut, de plus, reconnaître que la publicité des hypothèques n'a été réellement édictée qu'en faveur de ceux qui ont un véritable intérêt à connaître la situation hypothécaire d'une personne. L'obligation de payer les frais, peut-être assez élevés, d'un *état des inscriptions*, arrête les curieux, ceux qui cherchent seulement à pénétrer le secret des affaires d'autrui ; le *droit de vue* maintenu dans le nouveau Code italien, leur donne, au contraire, à cet égard, les plus grandes facilités.

XI. Parmi les divers titres du nouveau Code qui ont pour objet l'organisation du régime hypothécaire, il en est un spécialement consacré à *la séparation des patrimoines*. La séparation des patrimoines est un des sujets qui prêtent le plus au développement scientifique d'une théorie, et qui, pour ce motif, sont d'ordinaire le siége de grandes controverses. Les législateurs du Code italien n'ont voulu s'occuper, et avec raison, que des principales, et ont condensé dans quelques articles une réglementation complète de la matière.

Le droit à la séparation des patrimoines doit être exercé dans le délai péremptoire de trois mois à compter du jour de l'ouverture de la succession (art. 2057). A l'égard des meubles, il faut une demande en justice; à l'égard des immeubles, une inscription (art. 2059, 2060). Pourvu que ces précautions aient été prises dans le délai voulu, les hypothèques inscrites sur les immeubles de l'hérédité dans l'intérêt des créanciers de l'héritier, et les aliénations, même transcrites, des immeubles héréditaires ne pourront, en aucune façon, préjudicier aux droits des séparatistes (art. 2062).

Il est maintenant observé que l'acceptation de l'hérédité sous bénéfice d'inventaire ne dispense pas les créanciers du défunt et les légataires d'obtenir la séparation des patrimoines (art. 2058); que cette séparation profite seulement à ceux qui l'ont demandée, et ne peut en aucune façon changer leur situation respective quant aux biens du défunt (art. 2063). Toutes les dispositions concernant les hypothèques sont d'ailleurs applicables au bénéfice résultant de la séparation des patrimoines lorsqu'il a été régulièrement inscrit (art. 2065).

Ces indications très-sommaires touchant la séparation des patrimoines, rapprochées de l'ensemble des règles formant le régime hypothécaire, suffisent pour montrer que la principale difficulté que présente la matière en droit français, ne pouvait pas même s'élever d'après le droit italien, et partant, que le nouveau Code n'avait pas à la résoudre.

Sous l'empire du Code Napoléon, on se demande, en effet, si la séparation des patrimoines constitue un véritable privilége, ou bien un bénéfice d'un genre particulier.

D'après le Code italien, il ne peut y avoir aucun doute. La séparation des patrimoines n'est pas un privilége ; elle donne seulement lieu à une hypothèque en tant qu'elle s'applique aux immeubles ; et l'expiration du délai de trois mois, après le décès, sans inscrire cette hypothèque, entraîne déchéance complète du droit. Par le seul fait de l'expiration de ce délai, les créanciers retardataires sont considérés comme ayant accepté l'héritier pour débiteur. Ce système est d'une extrême simplicité ; il empêche de surgir certaines difficultés assez délicates qui peuvent se présenter si l'on applique le Code Napoléon ; et après un délai assez court, il laisse parfaitement nette et déterminée la position respective de toutes parties.

Il ne nous reste plus, pour terminer notre examen du Code italien, qu'à mentionner la contrainte par corps, qui a été restreinte autant que possible, et quant aux causes qui peuvent l'entraîner, et quant à la durée de l'emprisonnement (titre XXVII) ; et la prescription, qui ne peut donner donner lieu qu'à de courtes observations.

XII. L'article 2421 déclare que « *dans le cas de pres-*
cription trentenaire, les causes qui empêchent la prescription
de courir ou qui la suspendent n'ont aucun effet à l'égard
du tiers possesseur d'un immeuble ou d'un droit réel sur un
immeuble. » Cette disposition, empruntée au Code sarde,
est peut-être un peu rigoureuse. D'abord, au point de
vue purement scientifique, elle bouleverse la théorie en
matière de suspension de prescription. Ainsi, il était reçu
que la minorité, ou en général l'incapacité avait toujours
empêché la prescription de courir; cela ne sera vrai
désormais que lorsqu'il s'agira d'une prescription libératoire, ou d'une usucapion par dix ans; au contraire,
l'incapacité du propriétaire n'empêchera pas de courir une
prescription de trente ans. La légitimité d'une telle solution
est contestable : sans doute, il importe que les droits in-
certains soient au plus tôt fixés; que la propriété ne demeure
pas trop longtemps douteuse ; mais il faudrait éviter d'atteindre ce but aux dépens des droits du véritable propriétaire. On opposera, il est vrai, que le propriétaire,
pendant la minorité ou l'interdiction duquel on aura laissé
la prescription trentenaire s'accomplir, aura son recours
contre le tuteur négligent dont la responsabilité aura été
ainsi engagée. Mais d'abord ce recours ne sera pas toujours
utile, et de plus il manquera quelquefois de base juridique.
Le tuteur, en effet, ne saurait être tenu que dans le cas où
il y aurait faute de sa part; or, ce cas sera probablement
assez rare, et le plus souvent son inaction proviendra de
l'ignorance des faits.

Mais si nous croyons devoir critiquer cette disposition, nous approuvons au contraire beaucoup la décision de l'art. 2137, portant que lorsqu'il y a titre et bonne foi, la prescription s'accomplit dans tous les cas par une possession continuée pendant dix années.

Ainsi donc, la prescription par vingt ans a disparu, et il n'y a plus de distinction à faire entre les absents et les présents. Cette distinction, qui remonte au droit romain, était parfaitement justifiée en présence de l'organisation donnée aux provinces de l'Empire. Une province comprenait souvent un grand pays tout entier ; et par conséquent au point de vue des délais pour la prescription, il fallait distinguer entre le cas où le possesseur et le propriétaire habitaient la même province et celui où ils habitaient des provinces différentes. Mais aujourd'hui les conditions ne sont plus les mêmes ; on ne peut plus assimiler, comme l'a fait le Code Napoléon, le ressort des Cours d'appel aux anciennes provinces de l'Empire romain. La vapeur et l'électricité ont en quelque sorte supprimé l'espace, et quel que soit le lieu où réside le vrai propriétaire, un délai de dix années est bien suffisant pour qu'il puisse invoquer et faire valoir son droit.

XIII. Nous voici parvenu au terme de notre exploration ; maintenant on pourra porter un jugement raisonné sur l'ensemble du nouveau Code appelé à régir les populations de la Péninsule italienne. Ce Code n'est qu'une révision du Code Napoléon en vue des besoins de l'Italie. Mais cette révision est une œuvre vraiment remarquable, surtout par son extraordinaire modération, témoignage d'une grande force. Les éminents rédacteurs du Code italien ont en outre discerné avec une sagacité extrême et un vif sentiment des besoins sociaux, la part qu'il convenait de faire aux nécessités économiques; mais ils ne se sont pas laissé entraîner par certaines théories imaginées récemment, et qui tous les jours accentuent davantage leur caractère ouvertement rétrograde. N'est-il pas certain, en effet, que depuis quelque temps il se produit, sous le couvert de l'*économie politique*, dont la véritable mission serait ainsi compromise, des réclamations étranges, surtout au point de vue juridique? N'est-il pas manifeste que ces réclamations ne tendraient à rien moins qu'à bouleverser notre Code Napoléon, à supprimer la notion de la *justice*, pour la remplacer toujours par celle de l'*utile* et arriver ainsi à la reconstitution indirecte des vieux priviléges!...

Cependant, en envisageant le côté économique du Code italien spécialement au point de vue de l'indépendance des volontés individuelles, il semblerait qu'il n'a pas toujours été inspiré par le même esprit dans toutes ses parties. Quelquefois, en effet, il accorde une liberté complète à la volonté privée; d'autres fois il la gêne par des restrictions que ne réclame pas la justice.

Sous le rapport scientifique, le nouveau Code italien présente une importance incontestable. Il a résumé, en effet,

pour chaque matière juridique, et le plus souvent d'une
manière heureuse, les principaux et les meilleurs résultats
de l'action combinée de la doctrine et de la jurisprudence.
Enfin, il ne contient aucune disposition qui blesse l'équité
ou qui consacre un privilége. Pour tout dire en un mot, il
est digne d'un peuple libre.

Nous avons improuvé quelquefois certaines dispositions;
nous avons au contraire donné au plus grand nombre une
adhésion entière; mais notre sympathie pour l'Italie nous
a toujours permis d'apporter dans nos appréciations l'indépendance la plus complète. Nous nous serions senti plus
gêné, si notre sympathie eût été moins vive !...

TABLE DES MATIÈRES.

§ 5.

§ 6.

DEUXIÈME PARTIE.

SECOND LIVRE DU CODE ITALIEN.

§ 1.

TROISIÈME PARTIE.

TROISIÈME LIVRE DU CODE ITALIEN.

§ 1.

§ 9.

§ 10.

§ 11.

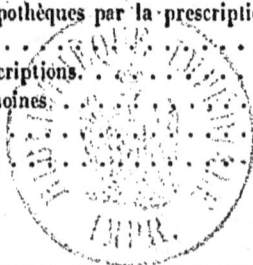

Toulouse. — Typographie de BONNAL et GIBRAC, rue St-Rome, 44.

www.ingramcontent.com/pod-product-compliance
Lightning Source LLC
Chambersburg PA
CBHW070241200326
41518CB00010B/1648